조선

질문하는 한국사 3

장지연 글 — 최아영 그림

조선의
최고 권력자는
왕이었을까?

조선

질문하는
한국사3

나무를 심는 사람들

낯설고도 가까운 조선에 다가가는 법

'조선' 하면 우리는 많은 것을 떠올릴 수 있습니다. 멋들어진 궁궐에서 임금과 신하, 왕비와 궁녀가 어우러진 사극을 떠올릴 수도 있고, 이순신 장군의 멋진 거북선과 해상 전투를 상상하기도 했다가, 여진족의 침입에 속수무책으로 무너진 남한산성의 이야기에 격분할 수도 있습니다. 집에서 제사를 지내느라 온갖 음식 준비로 허리가 아픈 어머니를 보면 '공자 왈 맹자 왈' 읊어 댄 조선의 유학자 때문이라고 속이 상하기도 하고, 한글날만 되면 비속어 때문에 세종이 지하에서 슬퍼하신다는 잔소리를 듣기도 할 겁니다. 여러분이 수학여행으로 가는 장소에 적어도 하나씩은 끼어 있는 대부분의 문화유산이 만들어진 시기도 이때입니다. 조선은 비록 1897년 대한 제국의 성립으로, 혹은 1910년 일본의 식민지가 되며 망한 오래전 나라지만, 500년 동안 이 땅의 국가로 존속하면서 이렇게 많은 흔적을 우리에게 남겼습니다.

우리는 조선에 대해 많은 것을 알고 있다고 생각합니다. 다른 시대에 비해 '태정태세문단세'로 시작하는 스물일곱이나 되는 국왕의 순서를 외우고 있는 사람도 많을 것이니, 이 시기에 대한 사람들의 역사적 상식은 결코 적지 않습니다. 그러나 때로는 이러한 상식이 조선을 제대로 이해하는 것을 방해하는 장애물이 되기도 합니다. 왜냐하면 조선은 지금 우리 시대와는 전혀 다른 가치관을 지향한 시기였기 때문입니다.

조선을 지탱한 이념은 성리학입니다. 성리학은 인간의 본성이 자연의 이치와 동일하며(성즉리), 매우 도덕적이라고 생각하는 철학입니다. 한마디로 모든 사람이 착하다는 성선설에 기초를 두고 있는 이념입니다. 지금 우리는 어떤가요? 여러분은 성선설을 지지하나요? 아마도 아닐 겁니다. 교실에서 학생들에게 성선설과 성악설을 놓고 어느 쪽을 지지하냐고 물으면 성선설을 지지한다는 학생이 소수입니다. 그러나 조선은 그렇지 않았습니다. 임금부터 백성까지 모두가 '인간은 착하다'는 명제를 믿어야 한다고 생각했던 사회입니다.

성리학에서는 인간이 착하다고 생각했기 때문에 지나친 욕심을 부리는 것은 모두 경계해야 한다고 보았습니다. 지금은 모두가 큰 부자가 되는 것을 바라고 큰 부자가 된 것을 자랑스럽게 생각하지만, 조선에서는 그렇지 않았습니다. 사농공상 중에 상인이 가장 낮은 평가를 받은 것은 그들이 욕심을 좇아 남을 속이는 존재라고 생각했기 때문입니다. 간혹 조선 시기에 나온 이름 없는 소설 중에는 큰돈을 모은 부자 얘기가 나오기도 합니다만, 이야기의 마지막은 그 부자가 자신의 재산을 털어 가난한 사람들을 크게 도와준 것으로 끝나는 경우가 대부분입니다. 박지원의 『허생전』에서조차 결국은 허생이 그렇게 번 전 재산을 훌훌 털어 버리고 돌아간다는 점을 생각해 보세요.

이러한 관념은 지금과는 완전히 다릅니다. 지금은 인간은 욕망을 가진 존재이며, 자신의 욕망을 추구하는 것이 당연하다고 생각합니다. 그렇기에 더 많은 돈을 가지려고 더 많은 욕심을 부리고 경쟁하는 것은 문제가 되지 않습니다. 다만 공정한 룰 아래에서 경쟁하기만 하면 된다고 생각할 뿐이지요.

더구나 조선에서는 남녀는 물론 사람의 관계도 지금과는 다르게 보았습니다. 지금은 모든 사람은 평등하다고 생각하지만, 조선이 존재했던 시기의 동아시아 사회에서는 이런 건 무질서한 야만의 상태라고 생각했습니다. 다른 나라를 야만적이라고 비난할 때면 흔히 "그 나라는 임금도 신하도 없고, 상하 질서가 없어!" 하곤 했거든요. '임금은 임금답게, 신하는 신하답게, 부모는 부모답게, 자식은 자식답게'라는 말은 인간 각자가 공동체 속에서 각자 정해진 역할이 있다는 의미였습니다. 또 남자는 남자답게, 여자는 여자답게 구별이 있는 것이 바람직하다고 보았지요. 지금 우리가 보기엔 지극히 수직적이고 경직된 질서로만 보일 뿐입니다.

이처럼 조선은 지금 우리와 전혀 다른 가치관 속에서 사람들

prologue

이 살아간 시기입니다. 그렇기에 더욱 열린 마음이 필요합니다. 과거에 대한 열린 마음은 지금 우리가 살아가는 방식을 다른 시각에서 볼 힘을 줄 것입니다. 지금 우리 전통은 조선에서 기인한 것 같지만 뜯어 놓고 보면 그렇지 않은 것이 상당히 많습니다. 전통에 대한 회의와 분석은 지금 우리의 삶을 비판적으로 통찰할 힘을 줄 것입니다. 역사는 과거에 대한 수많은 사실을 알지 않으면 접근하기 어렵습니다. 그러나 그에 대한 관심은 지금 우리의 삶을 함께 돌아보며 미래를 생각할 힘을 줄 것입니다. 이제 이 낯설고도 가까운 조선의 세계로 함께 들어가 볼까요?

차례

prologue 4

3장

사림의 시대가 열리다

4장

조선, 위기에 빠지다

5장
나라를 정비하다

6장
새로운 시대를 요구하다

7장
익숙하고도 낯선 조선

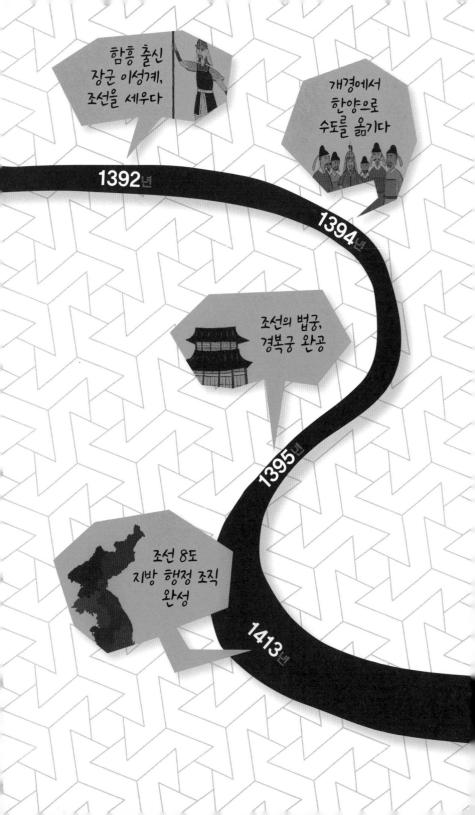

1장

나라를
세우다

1

조선

고려

새 나라를
꼭 세워야
했을까?

1392년 7월 더운 여름날, 이성계가 개경의 집에서 물에 밥을 말아 먹고 있었습니다. 그때 집 근처에 50여 명의 관료들이 이성계를 새 나라의 왕으로 추대하기 위해 모였습니다. 위화도 회군 이후 두 번이나 새 왕이 들어섰지만, 더 이상 왕씨 왕으로 안 되겠다고 생각한 이들이었습니다. 고려인들은 왜 새 나라를 세우고자 했던 것일까요?

 고려의 마지막 백여 년은 끊임없는 개혁과 좌절의 역사였습니다. 개혁은 토지와 노비 문제에 집중되어 있었지요. 가장 대표적인 기구가 공민왕 때 신돈이 주도하여 세운 전민변정도감이었습니다. 공민왕 이전부터 개혁은 십여 차례 이상 계속 시도되었는데, 이름은 조금씩 다르지만 내용은 비슷했습니다. 토지는 원래 주인에게, 노비가 된 양인은 원래대로 양인으로 돌린다는 것이지요. 그런데도 비슷한 개혁이 반복되었다는 것은 이전의 개혁이 큰 성과를 거두지 못했음을 보여 줍니다.

그럼 왜 이렇게 개혁이 제자리걸음만 했을까요? 이는 개혁의 대상인 사람들, 즉 과도하게 토지를 소유하고 양인을 노비로 삼아 데리고 있던 사람들이 고려의 권력과 부를 쥐고 있었기 때문이었습니다. 거대한 불교 사찰, 승려, 왕실, 권문세가라 불리던 권력을 쥔 가문은 이런 개혁을 달가워하지 않았습니다.

고려 내부의 문제는 국제 관계와도 밀접하게 연관되어 있었습니다. 고려 왕은 원 황제의 사위로 원의 영향을 크게 받았고, 권력을 쥔 가문 대부분 원과 밀접한 관계를 맺고 있었습니다. 고려의 내부를 개혁하려 이들을 건드리면 원에서 개입해 들어왔습니다.

그러던 차에 중국 곳곳에서 농민 반란이 속출하며 강대하던 원이 쇠퇴의 길에 들어서게 되었습니다. 그 가운데 두각을 나타낸 주원장이 결국 1368년 '명'을 건국했지요. 공민왕은 이 틈에 원과 거리를 두고 새로 건국한 명과 관계를 돈독하게 맺으려 했습니다. 그러나 여전히 불안한 부분이 많았습니다. 원이 완전히 망한 것도 아니었고, 명이 확실하게 자리 잡은 것도 아니었거든요. 또 명이 고려와 평화롭게 지내고 싶은지, 아니면 전쟁을 벌이고 싶은지도 알 수 없었지요. 이러한 불안한 정세가 이후 20여 년간 계속되며 결국 이성계의 위화도 회군까지 일어나게 되었던 겁니다.

동쪽의 일본도 큰 골칫거리였습니다. 남조와 북조로 갈려 치열하게 대립하던 일본의 세력들은 인력과 물자를 탈취하려고 고려와 중국을 노략질했는데, 이들을 왜구라고 해요. 원은 농업이 발달한 남쪽에서 거둬들인 세곡(세금으로 바치는 곡식)을 배로 운반했는데, 왜구의 노략질 때문에 한동안 중단되기도 했습니다. 고려에서는 물자의 약탈뿐만 아니라 인명 피해도 극심했습니다. 이성계는 이러한 위기에서 여러 차례 고려를 구한 명장이었지요.

고려의 백성들은 왜구 때문에 바닷가에서 살 수도 없었고 피난을 다니다 보니 농사도 제대로 지을 수 없었습니다. 북방에서는 원에서 명으로 바뀌는 와중에 원의 잔당이 여러 번 고려를 쳐들어오면서 떠도는 이들도 많았습니다. 백성들은 권세가에게 토지를 빼앗기고 노비가 되기도 했지요. 이들은 자신들을 제대로 보호해 줄 '나라다운 나라'를 기대했습니다.

"낡은 체제로는 새 시대를 열 수 없어"

고려의 왕실과 관료들은 개혁의 필요성은 느끼고 있었지만 별다른 성과를 거두지 못했습니다. 왕실은 왕실대로 미적지근했고 관료들은 관료들대로 큰 규모의 개혁은 바라지 않았기 때문이지요. 그렇지만 고려를 지탱해 온 체제는 너무 낡아서 몇 군데 도려내고 기우는 정도로 새 시대를 지탱할 수가 없었습니다.

이 정도의 소소한 개혁에 만족할 수 없었던 이들은 결국 새 나라를 세우기로 결심했습니다. 이들은 고려가 유지해 온 토지 대장을 불태우고 새로운 방식으로 토지를 조사했고, 향리, 군인, 정호, 백정, 잡척, 특수 행정 구역민, 노비처럼 복잡하게 얽혀 있던 백성의 파악 방식 역시 바꾸고자 했습니다. 이러한 큰 틀의 개혁을 위해서는 왕실과 관료가 그대로여서는 안 되었던 것입니다. 조선을 세운 이들은 이를 절감하고 실천했습니다.

2

조선

나라 이름을
'조선'이라고
지은 까닭은?

조선의 건국자들은 나라를 세우고 '조선'과 '화령'이라는 두 후보를 정해 명에 사신을 보냈습니다. 명 황제는 둘 가운데 뜻이 좋다면서 '조선'이라는 이름을 선택했습니다. 1897년 대한 제국으로 이름을 바꾸기 전까지 500여 년을 지속한 '조선'이라는 나라는 이렇게 탄생했습니다. 조선에는 어떤 뜻이 담겨 있었을까요?

 새 나라를 막 열었지만 조선의 건국자들은 나라 이름을 바로 바꾸지 않았습니다. 아직은 민심을 살필 필요도 있었고, 사이가 좋지 않던 명이 어떻게 나올지 기다릴 필요도 있었으니까요. 건국 소식을 명에 알리고 초조하게 반응을 기다리던 차에 명의 황제는 새 나라 이름을 무엇으로 할 것인지를 물어 왔습니다. 이 말은 새 나라를 세운 것을 트집 잡지 않겠다는 뜻이었지요. 조정에서는 바로 '조선'과 '화령'이라는 후보를 정해 명에 알렸습니다.

화령은 창업자 태조 이성계의 고향에서 따온 이름입니다. 옛날에는 건국자의 고향이나 수도로 삼은 곳의 지명을 따서 그대로 나라 이름으로 정하는 경우가 꽤 있었기 때문에 충분히 생각할 만한 이름이었습니다. 그렇지만 화령은 건국자들이 일 순위로 생각한 이름은 아니었습니다. 선택해 달라고 요청하면서 후보자도 없이 하나만 올리기 뭣하니까 들러리로 넣은 이름이었지요. 건국자들이 원한 나라 이름은 바로 '조선'이었습니다.

조선이라는 이름은 역사적인 유래를 갖고 있었습니다. 정도

전은 나라 이름을 해설하면서 과거 역사 속 나라 이름 중에서 선택한다면 어떤 것을 고르겠느냐는 질문을 던졌습니다. 일단 '고려'는 자기들이 망하게 한 나라 이름이니 그대로 쓸 수 없었습니다. '신라'나 '백제', '고구려' 같은 나라 이름도 안 된다고 했습니다. 이 나라들은 국토의 일부분만 차지했던 데다 중국의 승인을 받지 않았기 때문입니다. 정도전은 이런 나라들을 제외하면서 조선을 가장 좋은 이름으로 꼽았습니다. 왜냐하면 조선은 국토 대부분을 차지했고 기자가 중국 주나라 무왕으로부터 책봉을 받아 세운 나라였기 때문입니다. 바로 기자 조선에 대한 이야기이지요.

기자는 중국 고대 은나라 마지막 왕의 신하였는데, 은나라가 망하고 주나라가 들어서자 두 임금을 섬길 수 없다면서 나라를 떠나 동쪽으로 갔습니다. 그러자 주나라 무왕이 기자의 충심을 높이 사서 조선후, 즉 조선의 제후로 책봉해 줬다는 것이 바로 기자 조선 이야기입니다. 중국 사람인 기자가 우리 땅에 와서 기자 조선을 세웠다는 이야기는 지금은 그냥 설화로만 인정하지 역사적 사실로 보고 있지 않습니다. 그렇지만 고려와 조선 사람들은 이 이야기에 큰 의미를 부여했습니다. 기자가 중국에서 우리 땅으로 오면서 문명이 전해졌고, 중국과 조선의 관계를 책봉-조공의 체제로 설명할 수 있는 상징이기도 했기 때문입니다.

기자의 이야기는 명의 황제에게도 매력적이었습니다. 조선과 관계가 나빠지는 것은 명에게도 무척 부담스러운 일이었는데,

조선에서 이처럼 명에 우호적인 이름을 선택해서 보냈으니까요. 새로 정해 왔다는 이름이 싸워 보자는 분위기면 어쩔 뻔했겠습니까? 명 황제가 나라 이름에 담긴 뜻이 아름답다고 평한 것은 이러한 안도감이 반영된 것이었지요.

"조선이라는 이름에는 자부심도 담겨 있어"

사실 조선의 건국자들이 기자 조선만 생각해서 '조선'이라는 국호를 선택한 것은 아니었습니다. 여기에는 단군 조선의 의미도 담겨 있었지요. 몇 년 뒤에 명에 사신으로 간 권근은 명 황제에게 조선의 유래에 대한 시를 지어 올렸습니다. 그때 권근은 이 시에서 단군 이야기를 하며 조선의 역사가 중국만큼 오래되었다고 읊었습니다. 단군 이야기는 곰이 마늘과 쑥을 먹고 사람이 되었고, 나중에 환웅과의 사이에서 낳은 단군이 1,800년 동안 나라를 다스리는 등 조금은 황당무계합니다. 그러나 이 이야기의 핵심은 마늘과 쑥이 아니라 그렇게 태어난 단군이 나라를 세운 때가 중국 역사 시대의 시작인 요 임금 때와 같았다는 지점입니다. "너네는 역사가 오래됐니? 우리나라도 너네만큼 역사가 오래됐어!"라는 의미지요. 단군 조선의 이야기는 원래 입에서 입으로 전해지던 설화였는데, 고려 말부터 사람들을 사로잡기 시작했습니다. 그때는 바로 고려가 원의 간섭을 받던 때였지요. 당시 고려 사람들은 원나라 사람들과 접할 일이 많았는데 원나라 사람들에게 서러운 일을 많이 겪었습니다. 그럴 때 고려 사람들의 자부심을 키워 준 이야기가 바로 단군 조선이었습니다.

이제 정리를 해 볼까요? '조선'이라는 이름은 단군 조선과 기자 조선, 이 두 역사 속 나라를 모델로 하고 있었습니다. 이 가운데에서 단군 조선은 우리 역사가 유구하다는 점을 상징했고, 기자 조선은 문명국가라는 자부심과 책봉-조공의 형식으로 중국과 우호적인 관계를 맺겠다는 뜻이 담겨 있었습니다. 어떤가요? 이 정도면 나름 꽤 의미 깊은 이름 아닌가요?

그런데 여기까지 읽다 보면 이런 생각이 들지 모르겠습니다.

"나라 이름 하나 정하는 데에도 명의 눈치를 봐야 하나?"

"중국에서 책봉을 받아야 제대로 된 나라라니, 그런 게 어딨어?"

이런 질문이 나오는 건 14세기 세계 질서가 굴러가던 방식을 우리가 잘 이해하지 못하기 때문입니다. 조선의 건국자들이 왜 이런 방식으로 나라 이름을 정했는지 다음 장에서 설명하겠습니다.

3

책봉-조공과
사대주의는
다르다고?

천자는 제후를 책봉하고, 제후는 정기적으로 천자에게 조공을 바칩니다. 천자국은 독보적으로 우월한 위상을 누리는 반면, 제후국은 칭호나 옷차림, 궁궐의 규모, 관청의 명칭 등 온갖 부분에서 차등이 있었습니다. 조선은 명과 왜 이렇게 불평등해 보이는 책봉─조공 체제를 맺으려고 했던 것일까요?

 책봉은 아주 오래전 중국 고대 주나라에서 시작되었습니다. 주나라에서는 하늘의 명을 받은 천자, 즉 하늘의 아들이 하늘 아래 온 세상을 다스린다고 생각했습니다. 그렇지만 실제로 온 세상을 다스릴 수 없으니 영역을 나누어 제후를 책봉하고 그 영역과 백성을 다스리도록 위임한다고 생각했지요. 주나라에서는 이러한 관념에 따라 왕실 사람들에게 일정한 영토를 나눠 주고 다스리는 것을 위임했는데, 이런 체제를 '봉건제'라고 합니다. 천자가 제후를 임명하는 것은 책봉, 제후가 정기적으로 천자를 찾아뵙는 것은 조회, 이때 자기 지역의 토산물을 바치는 것은 조공이라고 하고요. 이런 체제는 원래 중국 내 통치에만 적용되었는데, 이후 중국과 주변국 사이의 외교 형식 중 하나로 자리 잡았습니다. 책봉과 조공을 주고받는다고 해서 책봉─조공 체제라고 부릅니다.

책봉─조공 체제는 형식상으로는 천자와 제후의 차등이 있어서 아주 불평등해 보이지만, 실질적으로는 서로 별로 간섭하지 않고 독립적이었습니다. 중국에서는 책봉을 통해 주변국과 상당히

안정적인 국제 관계를 유지할 수 있었습니다. 덤으로 자기네는 책봉을 해 주는 특별한 나라라는 자존심도 챙길 수 있었고요. 책봉을 받은 주변국에서는 큰 나라로부터 국왕이 인정을 받았다는 의미가 되기 때문에 왕권을 강화할 수 있었지요. 그러면서 중국과 안정적인 관계 속에서 경제·문화 교류를 할 수 있어서 이득이었습니다.

"지금 눈으로 과거를 재단하면 안 돼"

아무리 이득이 있다 하더라도 여전히 이 불평등함이 맘에 안 들 수 있습니다. 우리는 모든 사람이, 그리고 모든 나라가 서로 평등하다고 이야기하는 세상에서 살고 있으니까요. 그렇지만 세계가 이렇게 된 것은 기껏해야 백여 년 정도밖에 안 되었다는 점을 명심해야 합니다. 유럽에서도 근대 이전까지는 황제와 국왕의 차이가 있었고, 또 그 위에 교황이라는 더 큰 상징 권력도 있었거든요. 만약 그 시대로 간다면 사람과 나라가 모두 평등하다고 하는 여러분을 질서도 모르는 야만인으로 여길 겁니다. 그래서 역사를 공부할 때에는 이런 점을 주의해야 합니다. 지금 우리 시대의 눈으로 옛날 사람들을 재단해서는 안 된다는 점을요.

고려 말부터 명과 책봉-조공 체제를 갖추려고 노력했던 것은 원의 심각한 간섭으로부터 벗어나려는 노력과도 관계가 있습니다. 원과 고려는 형식적으로 책봉-조공의 관계를 맺고 있었지만 시시때때로 원이 지나치게 간섭하며 고려의 정치를 위협했기 때문입니다. 그래서 원의 영향력이 약화되고 명이 등장한 공민왕 때부터 서로 독립적이면서도 안정적인 관계를 만들어 갈 수 있는 책봉-조공 체제를 갖추려고 했습니다. 이를 잘 맺는다면 전쟁 없이 평화롭고 안정적이며 독립적인 관계를 유지할 수 있으니까요. 지금으로 따지면 상호 불가침 조약이나 군사 동맹 같은 것에 비견할 수 있겠네요. 조선 건국 후에도 이러한 노력을 계속해 명과 안정적인 책봉-조공 체제를 갖출 수 있었습니다.

한편 조선은 일본이나 여진과도 책봉-조공에 비견될 만한 체제를 구축해 변방 문제를 안정시키려고 했습니다. 물론 외교적인 방법만으로 달성된 것은 아니었습니다. 조선 초에는 몇 차례 이들의 근거지를 정벌하고 이들의 귀순을 장려하는 정책을 같이 활용했습니다. 그 결과 내용적으로 책봉-조공 체제와 거의 유사하게 일본과 여진을 외교 상대로 공식화했습니다. 정례적으로 관직을 주거나 정기적으로 교역하는 양을 정하는 방식으로요.

북방, 남방과 안정적인 관계를 맺는 것은 몇십 년 동안 전란으로 피폐해진 고려 백성들이 가장 바라던 것이기도 했습니다. 책봉-조공 체제의 핵심은 나라 간 세력의 차이는 인정하되, 큰 나라는 작은 나라를 힘으로 억압하지 않고 작은 나라는 큰 나라에게

성의를 다하는 것에 있었습니다. 이를 무조건 '사대주의'라고 몰아붙여서는 안 됩니다. '사대주의'는 힘센 나라를 무조건 추종한다는 부정적인 의미거든요. '사대'라는 말도 원래는 힘이 아니라 의리와 예의로써 큰 나라와 작은 나라가 공존하는 질서를 뜻하는 말이었습니다.

사실 이러한 체제의 구축이 나라를 세우는 것과 동시에 이루어지지는 않았습니다. 명과 책봉-조공 체제를 맺는 것은 태조의 아들인 태종 때 해결이 되었고, 왜구나 여진과의 관계는 태종의 아들인 세종 무렵에야 안정이 되었습니다. 그 이후 명이 망하기 전까지 명과 조선의 관계는 그 주변 어느 나라보다도 안정적으로 유지되었습니다. 임진왜란 이전까지 약 200년 동안 조선 땅에서 큰 전쟁이 없었던 것은 이러한 외교적 노력의 성과입니다. 세계사에서 이렇게 장기간 평화를 유지한 나라가 없었다는 점을 잊어서는 안 될 것입니다.

4

나라를
세우자마자
천문도부터
만든 까닭은?

동아시아에서는 하늘이 백성을 다스릴 책임을 부여한 사람이 제왕이 될 수 있는 정통성을 가졌다고 생각했습니다. 이를 천명사상이라고 합니다. 이런 사상이 지배적인 때 잃어버린 지 오래였던 놀라운 지도 한 장이 발견되었습니다. 바로 고구려 때 만든 천문도였지요. 조선에서는 이것을 가지고 무엇을 했을까요?

 태조는 고구려 때 만든 천문도를 영원히 보존하기 위해 돌에 새기게 했습니다. 이것이 '천상열차분야지도 각석'입니다. 이 석각 천문도를 제작한 것은 1395년, 새 왕조를 연 지 불과 3년밖에 안 된 시점이었습니다. 이 해는 한양으로 천도한 직후라 온갖 공사가 한창이었고 여타 정치적 과제도 산적해 있던 시점이었지요. 이렇게 할 일도 많던 바쁜 시기에 신비로운 내력을 지닌 지도를 찾아 돌에 새겼다는 것은 도탄에 빠진 백성을 구하기 위해 새 나라를 건국하라는 천명을 받았다는 증거로 천문도를 내세우고 싶어 했다는 점을 보여 줍니다. 이 시기 천문학은 제왕의 권력과 밀접한 학문이었습니다.

'천상열차분야지도 각석'은 단순히 기존의 천문도를 베낀 것이 아니었습니다. 중요한 별 일부는 14세기 말 조선에서 관측한 데이터로 수정해 그렸고 물시계 표준 시간을 정하는 데 필요한 천문학 데이터도 기입해 넣었습니다. 당시 이러한 천문 데이터를 확보할 수 있는 곳은 유라시아 대륙에서 이슬람 지역과 북경 등 몇

군데에 불과했습니다.

"세종은 천문·시각·과학 기술로
유교적 이상 국가를 실현"

이렇게 시작된 조선의 천문 역법은 세종 때 이르러 완성됩니다. 『칠정산』이 바로 그것입니다. 원의 역법인 '수시력'을 완벽히 소화하고 조선의 도성인 한양을 기준으로 하는 계산법과 시각까지 계산해 낸 것이었습니다.

'수시력'을 소화한 세종은 본격적으로 천문을 관측할 수 있는 기구들을 제작했습니다. 간의, 일성정시의, 앙부일구(해시계), 자격루(물시계), 옥루 등이 이 시대의 산물입니다. 이 가운데 옥루는 물시계인 자격루를 변용한, 아주 독특한 형태의 기계 장치였습니다. 풀 먹인 종이로 만든 산 아래 기계 장치를 숨겨 놓고, 산 주위에는 매 시각 목탁과 종, 북을 쳐서 시각을 알려 주는 인형을 세워 정해진 시각에 움직이게 했습니다. 산허리에는 황금색 해를 만들어 하루에 한 번 도는 모습을 재현했고, 산 아래에는 들에서 농부들이 평화롭게 농사짓는 형상을 재현했습니다. 유교적인 지상 낙원의 모습을 구현해 놓은 것이었습니다. 옥루 실물은 전란을 거치며 없어졌는데, 얼마 전 대전의 국립 중앙과학관에 복원해 놓았습니다.

유교 국가는 농업을 기반으로 했습니다. 그렇기에 제왕은 천문과 시각뿐만 아니라 농사가 잘될 수 있도록 관심을 기울여야 했지요. 농업에서 가장 중요한 것은 적절한 때 적절한 양의 비가 내리는 것이었습니다. 세종 때 만들어진 측우기는 이러한 관심의 산물로, 강우량 측정기로는 세계 최초의 작품입니다.

세종은 농법에 대해서도 관심이 많았습니다. 우리나라의 풍토가 중국과 다르기 때문에 중국의 농법서를 소개하는 것만으로는 부족하다고 생각해서 짓게 한 책이 바로 『농사직설』입니다. 이 책은 단순한 이론서가 아니라 각 지방의 나이 든 농부들의 경험을 채록, 수집해서 만들어졌다는 점에서도 의의가 큽니다.

세종은 우리나라 풍토가 중국과 다르다는 점을 분명히 의식해 이를 해결할 수 있는 방법을 고민했습니다. 농업도 그렇지만, 의약 부분도 마찬가지였지요. 우리나라 약재를 집대성한 『향약집성방』도 이러한 생각에서 저술된 책이었습니다. 세종의 가장 큰 업적인 훈민정음 창제 역시 마찬가지 문제의식에서 비롯되었지요. '나라의 말이 중국과 달라 문자가 서로 맞지 않는다'는 『훈민정음』 해례본 서문의 첫 문장은 바로 중국과 조선이 다르다는 점을 철저히 인식했음을 보여 줍니다. 훈민정음 창제 후 이를 사용해서 만들어진 『동국정운』(한자음을 우리말로 기록한 책) 서문에서도 우리의 풍토가 중국과 다르기 때문에 발음이 같지 않다는 이야기를 하고 있습니다.

천명을 정당하게 부여받은 유교의 이상적인 농업 국가를 만들어 가려는 조선 초의 이상은 세계적으로 자랑할 만한 독특한 문화 업적을 창출했습니다. 이 시기의 문화적 번영은 이전 시기의 전란과 대외적·대내적 위기를 효과적으로 잘 마무리했기 때문에 가능했던 것입니다. 평화는 아무리 강조되어도 지나치지 않습니다.

5

이성계는 왜
개경을 떠나고
싶어 했을까?

새 나라를 막 세우고 난 직후엔 국내에 해결해야 할 문제도 산적해 있었고, 명과도 여전히 관계가 좋지 않았습니다. 이렇게 할 일 많던 시기에 태조 이성계는 바로 수도를 옮기겠다는 큰 결단을 내립니다. 이성계는 왜 굳이 수도를 옮기려고 했을까요?

 고려의 수도 개경은 태조 왕건의 고향으로, 몽골이 침입해 와서 강화도로 천도했던 때를 제외하고는 400여 년 동안 수도로서 기능해 왔습니다. 400여 년 동안 한 나라의 중심지였기 때문에 온 나라의 교통망은 개경을 중심으로 구성되어 있었고, 곳곳에 태조 왕건을 비롯한 역대 국왕의 자취와 유명한 인물들이 남긴 이야기로 가득 찬 신성한 곳이기도 했습니다. 고려 말에 개경의 지덕이 쇠퇴했다는 풍수설이 잠시 돌기는 했지만, 그래도 나라 안에서 가장 좋은 땅이라고 생각한 곳이었지요.

이런 개경을 놔두고, 할 일이 산적한 때 굳이 천도를 하겠다고 하니 누구도 좋아하지 않았습니다. 그렇지만 태조 이성계가 강력하게 밀어붙여 1394년 한양으로 수도를 옮겼습니다. 건국에 동참한 공신들도 모두 반대했지만 말입니다. 궁궐이 지어지기도 전에 일단 천도부터 한 걸 보면 태조의 마음이 얼마나 급했는지 짐작할 만합니다.

여기서 다음과 같이 질문을 나누어 볼 필요가 있습니다.

"태조는 왜 이렇게 천도를 하고 싶었나?"

"왜 다른 지역이 아닌 한양으로 결정했을까?"

이 두 질문이 묻는 지점은 다릅니다. 태조는 새로운 수도로 한양만 주장한 것은 아닙니다. 어디로든 수도를 옮기고 싶어서 계룡산 아래가 좋다는 말에 거기로 천도를 하겠다고도 했거든요.

"개경이 부담스러운 이성계, 새로운 수도를 찾아나서다"

태조가 이렇게까지 천도를 하고 싶었던 것은 개경이 너무나도 고려 왕실과 떼려야 뗄 수 없는 장소였고 권문세가들 또한 이곳을 중심으로 굳건하게 자리 잡고 있었기 때문입니다. 태조는 함흥 출신으로, 다 커서 개경에 온 뜨내기였으니 개경 사람들이 부담스러울 수밖에 없었을 것입니다.

그렇다면 새 수도로 왜 한양이 결정되었을까요? 한양은 개경에서 그리 멀지 않고, 고려 제2의 도시여서 참신한 맛은 없었습니다. 그렇지만 바로 그 점이 한양이 수도가 될 수 있는 좋은 조건이기도 했습니다. 개경을 중심으로 만들어진 교통로상에 이미 한양이 주요한 도시로 자리 잡고 있던 덕분에 교통망을 개척할 필요가 없었거든요. 풍수적으로도 한양이 개경 버금가게 좋다는 설이 파다했던 터라 금상첨화였습니다. 천도에 반대하거나 미적지근한 이들도 그나마 동의할 수 있는 장소였지요.

천도한 지 1년 뒤에 궁궐인 경복궁과 종묘, 사직이 완성되었습니다. 종묘는 유교식으로 국왕의 조상에게 제례를 드리는 국가의 사당이었습니다. 사직은 농업의 신에게 유교식으로 제례를 드리는 장소였고요. 이 두 곳은 불교를 멀리하고 유교를 나라의 이념으로 하며 농업을 산업의 기반으로 삼겠다고 한 조선에서 가장 중시한 제사 장소였습니다. 그 이후 경복궁 앞에는 관청이 속속 건설되었고, 반듯한 도로가 널찍하게 닦였습니다. 곧이어 한양을 둘러싼 산을 연결하면서 성곽을 건설하기 시작했는데, 특히 무장 출신인 태조는 수도의 성곽에 대해서 깊은 관심을 보였습니다.

한양 천도는 이전 고려의 전통 중 상당 부분이 단절되는 계기가 되었습니다. 특히 불교적인 전통이 대표적이지요. 개경에는 절이 별처럼 흩어져 있다고 할 정도로 많았지만, 한양에는 최소한으로만 두었고 몇 개 되지 않던 절도 그나마 점점 없어졌습니다.

이후 잠시 개경으로 되돌아갔던 적도 있었지만, 결국 한양은 조선의 수도로 확고하게 자리를 잡아 갔습니다. 우리가 지금 서울을 수도로 삼고 있는 것은 바로 600여 년 전 조선의 천도가 결정적인 계기였답니다.

6

함경도

평안도

황해도 강원도

경기도

충청도

경상도

전라도

왜 전국을
'8'도로
나눴을까?

'전국 팔도 사투리'라든가 '팔도 농산물' 같은 말들이 낯설지 않지요? 사실 지금 우리의 행정 구역은 팔도가 아니니까 여기에 쓰인 '팔도'는 전국 방방곡곡 정도의 뉘앙스를 담기 위한 표현일 것입니다. 그럼 이렇게 '전국 팔도'가 아주 자연스럽게 붙은 건 언제부터였을까요?

 고려에서는 전국을 5도와 양계(동계와 북계)로 나누고, 수도인 개경 주변에는 경기를 두었습니다. 이러한 구성은 조선에서도 비슷하게 계승되었지만 양계를 다른 지역과 마찬가지로 ○○도라고 칭하게 되면서 '팔도'로 정해졌습니다. 우리에게 익숙한 평안도, 함경도, 충청도 등의 이름은 조선 때 확정되었지요. 도의 이름은 각 도의 중심이 되는 큰 도시 이름에서 따왔습니다. 평안도는 평양과 안주, 함경도는 함흥과 경성, 충청도는 충주와 청주입니다.

지금까지 도의 이름에 대해서 설명을 했는데, 하나가 빠졌다는 걸 눈치 챘나요? 네, 경기도입니다. 지금은 경기도라고 부르지만 조선에서는 그냥 '경기'라고 불렀습니다. 경기는 수도인 '경(京)'과 그 주변 일정 범위 안의 지역을 의미하는 '기(畿)'로 구성된 말입니다. 경기도라고 부르는 것은 원래 어색한 표현이에요. 이렇게 일곱 개의 도와 경기를 합쳐 조선에서는 팔도라고 통칭했습니다.

여기 '8'이라는 숫자에는 나름의 의미가 있습니다. 8은 우주 만물을 이룬다는 목(木), 화(火), 토(土), 금(金), 수(水)의 오행 중 목과 관련이 있는 숫자인데, 조선은 목의 덕을 내세웠습니다. 한양의 도성 문이 네 개의 소문과 네 개의 대문, 즉 총 여덟 개의 문으로 구성된 것도 이와 관련이 있었습니다.

　지방의 행정 단위인 군현은 처음에는 약 350개 정도를 두었다가 이후 점차 정리해 세조 때에는 330개 정도로 줄었습니다. 군현은 인구나 토지, 고을의 크기 등을 따져 부, 목, 군, 현 등으로 나누었지요. 전국 군현의 숫자를 350개 정도로 한 것은 국왕이 1년 동안 하루에 한 곳씩 살펴본다는 상징적인 의미를 지니고 있었습니다.

"모든 군현에 수령을 보내 전국에 왕의 통치가 미치게 했어"

　조선에서는 지방 곳곳까지 국왕의 관심, 즉 중앙의 통치력이 골고루 미치는 것을 중시했습니다. 고려는 건국 무렵 지방 세력이 강했기 때문에 중앙에서는 그 영향력을 어느 정도 인정하며 통제해 갔습니다. 그런 데다 지방관을 모든 지방에 파견하지 못해서 지방관이 파견된 주현과 그렇지 못한 속현으로 구분했고, 향·소·부곡처럼 다른 고을에 비해 차별하는 구역도 있었습니다. 그러나 고려 후기로 내려오면서 점점 중앙의 통제력이 강화되었고, 조선 건국 후에는 이를 더욱 체계화했습니다.

조선에서는 향, 소, 부곡 같은 차별 구역을 없애고 모든 군현에 수령을 보내며 권한도 늘렸습니다. 임기도 30개월이었다가 세종 때에 60개월로 늘렸지요. 수령의 권한이 커지면서 고려 시기 향촌의 실력자였던 향리는 점차 수령을 보조하는 아전으로 신분이 낮아지게 되었습니다.

수령은 그 고을의 행정, 사법, 군사 등 거의 모든 일을 책임졌기 때문에 이들이 부패할 경우를 대비해 각 도에 관찰사를 파견했습니다. 이들은 직접 관할 지역을 돌아다니며 수령의 업무를 감독하고 백성의 생활을 살폈습니다. 관찰사의 급도 올려 그 위엄과 권한을 더 키웠지요. 나중에는 여기에 더해 수령은 물론 관찰사까지 감찰하는 관리를 몰래 따로 보내기도 했는데 이들이 바로 암행어사입니다.

수령은 중앙에서 파견하는 것이다 보니 지역 사람과 잘 협력하는 것이 중요했습니다. 그래서 각 군현에는 '유향소'라는 걸 두어서 덕망 있는 지방 인사 중 좌수 혹은 별감을 선출해 수령을 보좌하게 하고, 혹은 그 비위를 관찰사에게 고발하게 했지요. 혹시 고전소설 『장화홍련전』에서 장화와 홍련의 아버지가 뭐 하는 사람이라고 나오는지 기억하나요? 소설에서 장화, 홍련의 아버지는 배 좌수라고 나옵니다. 바로 나이도 있고 덕망도 있어 유향소의 좌수가 된 배 씨라는 것이지요. 이런 배경을 이해하면 장화와 홍련의 집안이 그 지역에서 꽤 괜찮은 집안이었다는 걸 알 수 있습니다. 그런 집이라 재산 때문에 장화와 홍련이 변을 당한 것이기도 합니다만.

이렇게 조선 건국 후에는 중앙에서 지방을 일원적으로 통치하는 것이 강화됩니다. 조선에서 이러한 체제를 갖추려고 한 것은 지방의 토호가 멋대로 자기 동네 호랑이 노릇 하는 것을 통제하고, 나라 전체에 일관된 법과 질서가 통용되게 하기 위한 것이었습니다. 그 당시에는 국가의 통제가 미치지 못하는 곳에서 고통받는 백성이 많았기 때문입니다.

이런 중앙 집권적 구조는 지금까지 영향을 미치고 있습니다. 지금은 지방 자치를 강화하려고 해도 여전히 중앙에 정치적·경제적·문화적 권력이 집중되어 지방 균형 발전을 고민해야 하는 시대입니다. 시대에 따라 시대적 과제는 달라집니다.

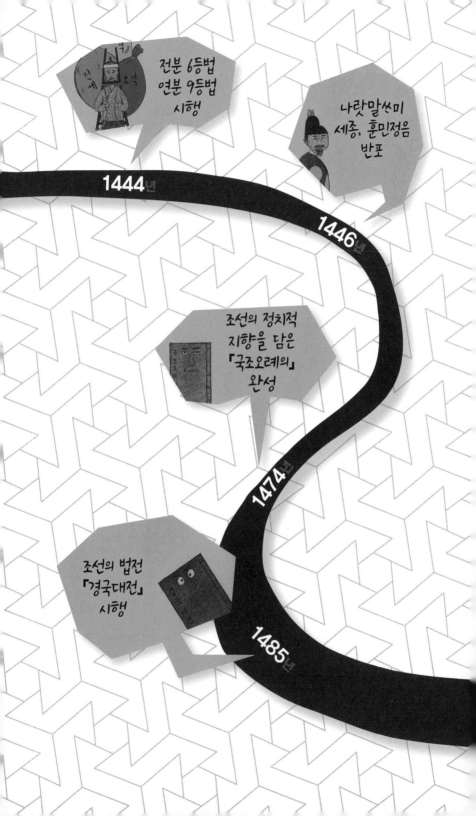

2장

조선은 어떻게 다스려졌나

7

양인 갑돌이는
세금을 얼마나
냈을까?

나라를 운영하기 위해서는 세금이 꼭 필요합니다. 백성에게 세금은 부담이지만 스스로를 지켜 주는 시스템을 만드는 비용이기에 꼭 내야 하지요. 여러분이 조선에 태어난 스물네 살 갑동이라고 가정해 봅시다. 신분은 양인, 아내와 네 살박이 아이가 있고, 5결의 토지를 가지고 농사를 지으며 살아갑니다. 갑동이는 나라에 어떤 세금을 얼마나 내야 했을까요?

 조선의 세금은 크게 세 종류로 구분됩니다. 농사를 짓는 토지에 부과하는 전세, 백성들이 노동으로 하는 역, 지역별로 특산물을 바치는 공물이 그것입니다. 농사짓는 땅을 갖고 있는 갑동이는 이 세 가지 세금을 모두 내야 합니다.

먼저 갑동이의 논밭에 전세를 매기려면 나라에서 갑동이가 5결(세금을 계산할 때 쓰는 논밭의 단위)의 토지를 가지고 있다는 것을 파악해야 할 것입니다. 조선에서는 전국의 토지를 측량해 양안이라는 장부를 작성했는데, 갑동이네 논밭도 여기에 올라가 있었을 거예요. 조선에서는 건국 후 불교 사원의 토지를 몰수하고 권문세가가 부당하게 소유하던 토지도 원래 주인에게 돌려주었습니다. 해안에 출몰하던 왜구 문제도 해결하고 나니 바닷가 근처 백성들도 안심하고 개간할 수 있게 되었습니다. 그 결과 고려 말에 60~80만 결 정도로 파악했던 논밭이 세종 대에는 150만 결에 육박하게 되었습니다. 이를 바탕으로 전세를 수확량의 1/10 정도로 맞추었는데, 세종 대에는 거기에서 더 나아가 '공법'이라고 해서

그해의 풍흉과 토지의 비옥도에 따라 전세를 조정했습니다. 이것이 바로 전분 6등법, 연분 9등법입니다. 토지의 비옥도에 따라 6등급으로, 그해의 풍흉에 따라 9등급으로 나누어서 전세를 부과했고, 등급에 따라 결당 최하 4두에서 최고 20두를 냈습니다. 이렇게 거둔 전세는 국가 재정 수입의 1/3 정도 되었습니다. 평안도와 함경도에서는 거둔 세금을 그 지역에 그대로 두고 국방과 사신 접대 등에 쓰게 했습니다.

다음으로 역은 요역과 국역으로 구분합니다. 이 가운데 요역은 국가의 필요에 따라 노동력을 무상으로 징발하는 제도입니다. 『경국대전』에서는 토지 8결당 1사람을 내고, 1년에 6일을 부역하도록 규정했으니 원칙만 놓고 보면 그렇게 부담스러운 세금은 아니었습니다. 국역은 중앙과 지방의 공공 기관에 종사하는 것인데, 양반이나 향리가 일종의 공무원으로 일을 했다면 일반 양인 남자 대부분은 군인으로 의무를 수행했습니다. 바로 군역이지요. 16세 이상 60세 이하의 양인 남자는 군병이 되든지, 군병 보조를 함으로써 군역을 수행했습니다. 이러한 체계는 모든 양인에게 동등하게 군역의 의무를 지웠다는 점에서 큰 의미가 있습니다. 이를 통해 건국 직후 37만 명 수준이던 군역 담당자가 세종 때에는 70만 명에 이르게 됩니다.

마지막으로 공물은 지역별 토산물을 바치는 것으로, 그 품목은 각종 수공업 제품과 광물, 수산물, 모피, 과일 등이 있었습니다.

관청별로 필요한 토산물이 다르니 관청에 따라 따로따로 거두기도 했지요. 이렇게 법과 제도로는 정연하게 구성되었지만 현실에서는 여러 문제점이 있었습니다. 지역별 토산물이 잘못 배정되어 있는 경우도 많았고 때에 맞춰 적절한 물건을 구하기도 어려웠습니다. 그러다 보니 어떤 사람에게 쌀을 모아 주고 이 사람이 시장에서 물건을 구매해서 관청에 납부하는 방식이 발달하게 되었습니다. 이것을 '방납'이라고 해요. 그런데 관료가 방납하는 사람과 결탁하면서 백성이 직접 납부를 하려고 해도 퇴짜를 놓고, 방납인은 엄청난 중개료를 요구해서 일반 백성의 부담이 커지는 일이 자주 발생했습니다. 우리가 요즘도 쓰는 '퇴짜'라는 말이 여기에서 나왔지요.

군역의 경우에도 나중에는 군포를 내고 군역을 대신하는 경우가 많아지게 됩니다. 부족한 전세 대신 군포를 재정 수입원으로 삼는 경우가 많았거든요. 그래서 장부에는 엄청 많은 수의 군인이 있는 것 같지만 실제로는 없는 경우가 비일비재했습니다. 또 전문 군인이 아니다 보니 아무래도 정예병 같은 활약을 할 수 없었지요. 이러한 점들은 임진왜란 때 큰 문제가 됩니다.

"땅을 가진 양인 갑동이는
전세·역·공물 모두 내야 해"

갑동이는 자기가 가진 논밭에 대한 전세를 내고, 스물넷이니 군역을 졌겠지요. 그리고 자기 고을에 배정된 공물도 내야 했을 겁니다. 이 모든 것은 갑동이가 양인이라 지는 부담입니다.

노비는 국가에 이러한 세금을 내지 않았어요. 대신 자기 주인에게 '신공'이라고 해서 노동이나 수확한 농산물의 일부를 바쳤습니다. 공노비는 자기 소속 관청에, 사노비는 자기 주인에게 말이지요. 양반의 경우엔 원래 크게는 양인에 속하기 때문에 이러한 세금을 부담해야 했습니다. 그렇지만 점차 다양한 혜택과 편법을 동원해 이러한 세금을 부담하지 않으면서 국가 재정이 악화되었습니다.

이처럼 처음 조선에서 정한 세금은 곡식으로도 내고, 몸으로도 때우고, 지방 특산물로도 내는 등 내는 물건의 형태가 다양했습니다. 지금처럼 유통 경제가 발달하지 않아서 통일된 유통 수단인 화폐를 활용하기 어려웠기 때문입니다. 그러나 이렇게 다양한 형태의 세금은 내는 사람도, 받는 사람도 관리하기 힘들기 마련이었고, 세금을 내지 않고 빠져나가는 사람이 늘어나는 것도 점점 더 문제가 되었습니다. 후기에는 이를 해결하기 위한 다양한 개혁안이 등장하게 됩니다.

8

1

과거 급제가 고시 합격보다 힘들었다고?

경복궁이나 창덕궁의 정전에서 가운데 길을 사이에 두고 좌우편 뜰에 표지석이 줄지어 서 있는 것을 본 적이 있나요? 이 표지석 옆에는 국가에서 일하는 관리 즉 공무원이 섰 어요. 양반은 바로 그 표지석 동서에 줄지어 설 수 있는 문반(동쪽)과 무반(서쪽)의 두 반 을 가리킵니다. 조선에서는 어떻게 해야 공무원이 될 수 있었을까요?

 조선에서 공무원이 되는 길은 몇 가지가 있었습니다. 먼저 고려 때부터 있 던 음서제, 즉 관리를 역임한 부모나 친척 덕으로 관리가 되는 길 이 있었지요. 이렇게 관리가 된 사람들을 음관이라고 했습니다. 조선에도 음서제가 남아 있었지만 고려 때에 비해 그 폭이 훨씬 줄었고 무엇보다 과거에 급제하는 것을 더 명예롭게 여겼기 때문 에 좋은 관직으로 나아가려면 과거를 보아야 했습니다.

과거에는 크게 문과, 무과, 잡과가 있었습니다. 문과는 학문 수준을 따져 문관을 뽑는 시험이었고, 무과는 무예 실력을 따져 무관을 뽑는 시험이었습니다. 잡과는 기술직을 뽑았지요. 무과는 고려 마지막 왕인 공양왕 때 실시되었으니, 사실상 조선의 건국자 들이 마련한 제도입니다. 한편 고려 때는 있다가 조선 때 없어진 시험이 있는데, 바로 승과입니다. 불교를 배척했던 조선에서는 거 의 승과를 시행하지 않았습니다.

과거 가운데 가장 중시되고 선망받은 분야는 문과였습니다. 3년에 한 번 정기적으로 실시하는 식년시가 있었고, 이외에도 부정기적으로 시험이 열렸지요. 부정기적인 시험 가운데 알성시는 국왕이 성균관을 방문해 공자에게 참배한 것을 기념해서 성균관 유생들을 대상으로 본 시험입니다. 『춘향전』의 이몽룡이 급제한 시험이 바로 이 알성시랍니다.

3년마다 열리는 식년시를 통해 과거에 급제하려면 어떤 단계를 거쳤을까요? 먼저 전국 팔도에서 초시를 치러 1차 합격자를 걸러 냅니다. 이때에는 지역별로 나누어 총 240명을 뽑았습니다. 그다음 1차 합격자들은 한양에 모여 2차 시험을 치르는데, 이걸 회시라고 부릅니다. 여기에서는 지역에 상관없이 실력으로 33명을 뽑습니다. 옛날이야기에 흔히 나오는 '과거 보러 한양에 온 선비'는 초시에 합격한 240명에 들었단 뜻입니다. 초시나 회시는 하루 한 번 시험을 보는 것이 아니라 초장, 중장, 종장이라고 해서 3일에 걸쳐 시험을 봤어요. 이 과정을 거쳐 33명 안에 든 합격자들은 이듬해 봄, 임금님 앞에서 전시를 봅니다. 이 시험은 합격자를 가리는 것이 아니라 순위를 매기는 것이었지요. 여기에서 1등을 한 장원은 머리에 어사화를 꽂고 3일 동안 거리에서 행진을 했습니다.

"혈통보다 실력을 중시했던
조선의 과거 제도"

과거에 급제한다는 것은 엄청 어려운 일이었습니다. 조선 500년 역사를 통틀어 문과 급제자는 1만 4600여 명밖에 안 됩니다. 연평균을 내보면 30여 명에 지나지 않은 거지요. 좀 흔해 보이는 생원·진사시 합격자도 4만 7천여 명 정도밖에 되지 않습니다. 한 해에 채 100명이 되지 않는 겁니다. '최 진사댁 셋째 따님'이 흔한 동네 선비 집 딸이 아닌 거지요.

과거 급제는 대단히 어려웠기 때문에 급제자들은 남다른 자부심도 있었고 주변에서도 대단한 명예로 여겼습니다. 어려운 시험을 거쳐 유학 경전의 참뜻을 공부하는 학자이자 이를 실천하는 관료가 되었다는 뜻이었으니까요.

그런데 양반이라는 말은 점점 지칭하는 대상이 넓어지게 됩니다. 처음에 양반은 나라의 관리가 된 사람들을 가리키는 말이었는데 점점 관리가 되기 위해 준비하는 사람들까지도 포함하는 말로 변해 갔습니다.

조선의 과거 제도와 양반은 이전 시기에 비하면 혈통보다 공부 같은 성취를 중시한다는 점에서 상당히 의미가 있었습니다. 과거제가 실시되긴 했으나 그 위상이나 출세 경로가 제한적이던 고려에 비해 조선은 상당히 열린 사회가 된 셈입니다.

9

25년 동안
하루 세 번씩
경연에 참석한 왕은?

조선에서는 양반들만 공부를 열심히 했던 것은 아닙니다. 왕도 공부를 해야 했는데, 이를 '경연'이라고 합니다. 경전을 공부하는 자리라는 뜻이지요. 왕위에 오르기 전인 세자 시절에 하는 공부는 서연이라고 했고요. 조선의 국왕은 왜 이렇게 열심히 공부를 해야 했을까요?

 이전 시대의 왕들은 공부를 열심히 해야 한다는 인식이 없었습니다. 박혁거세나 주몽이 공부를 잘해서 왕이 된 것이 아니잖아요? 신하들이 왕한테 공부 열심히 하라고 상소를 올리는 일도 없었습니다. 조선에서는 왕이 경연을 소홀히 한다 싶으면 상소가 올라오고 난리가 났는데 말이지요.

이러한 변화는 성리학과 관계가 깊습니다. 성리학에서는 사람이 계속 수양하고 공부하지 않으면 성인이 될 수 없다고 믿었습니다. 왕이라고 예외는 아니었던 거지요. 신하도 왕도 내면을 수양하고 학문을 쌓아 정치를 펼쳐야 한다고 주장한 것이 성리학입니다. 정치를 하는 사람들의 덕성과 책임 의식, 학문과 연구를 대단히 강조했다는 점에서 성리학은 준비하고 노력하는 정치인을 요구하는 이념입니다.

그럼 왕은 경연에서 어떤 공부를 했을까요? 경연에서는 유교 경전에 대한 강독과 토론뿐만 아니라 정치적인 문제도 같이 논의했습니다. 이 경연을 열심히 한 왕으로 세종을 꼽을 수 있습니다.

세종은 원래 태종의 셋째 아들이었기에 왕이 될 가능성이 없었습니다. 세자로 책봉된 큰형 양녕대군이 장차 조선의 국왕이 될 예정이었지요. 아버지인 태종은 세자인 양녕이 훌륭한 임금이 되도록 일찌감치 서연을 시작해 열심히 공부를 시켰습니다. 그런데 양녕은 불행히도 공부를 너무 싫어했습니다. 그에 비해 세종은 책을 너무 좋아해서 아버지가 말릴 정도였다고 하지요. 공부도 싫어하고 행실도 거칠던 양녕은 결국 폐위되었고 왕위는 세종에게 돌아갔습니다.

"세종의 경연을 도운 집현전, 성종을 보좌한 홍문관"

왕이 된 세종은 기다렸다는 듯 바로 경연을 시작했습니다. 세종 즉위 전까지 경연은 부정기적으로 열렸고, 경연을 담당하는 전담 기관도 없었습니다. 다른 일을 하는 관리들이 겸직으로 경연관 직책을 가지고 있다가 경연이 열리면 그때그때 참석하는 방식이었거든요. 그런데 세종이 하루도 빠지지 않고 너무 열심히 경연을 하니까 관리들이 자기 일을 할 시간이 없을 지경이 되었습니다. 그래서 설치한 기관이 바로 그 유명한 '집현전'입니다.

집현전은 이렇게 임금의 경연을 돕고 여러 정책을 연구해 자문에 대비하고 책을 편찬하는 일을 담당했습니다. 집현전은 세조 때 폐지되기는 했지만 세종 때 집현전을 거쳐 간 박팽년, 신숙주, 성삼문 등 수많은 젊은 관리들은 이후 중견 학자이자 관리로 성장해 나라의 중추를 담당하는 인재가 되었습니다.

　세조의 손자로 어린 나이에 즉위한 성종은 세종보다 더 열심히 경연에 참여했습니다. 왕위에 있던 25년 동안 거의 매일 하루 세 번씩 경연에 참석했지요. 조강, 주강, 석강이라 해서 아침, 점심, 저녁 이렇게 세 번이나 말이에요! 성종이 이렇게 경연에 집중하다 보니 전담 기관이 필요해졌습니다. 그래서 설치한 기관이 바로 홍문관이에요. 홍문관은 세종 때 집현전처럼 임금의 경연을 도왔을 뿐만 아니라 왕의 자문에 응하는 임무도 담당했습니다. 그러다 보니 사헌부, 사간원과 함께 국왕에게 바른 말을 하고 나쁜 관리들을 탄핵하는 일을 함께하게 되었습니다. 그래서 이 세 기관을 합쳐 언론 3사라고 부른답니다.

10

책벌레 세종은
실록을 읽었을까?

조선의 세 번째 왕 태종이 말을 달리며 노루 사냥을 하다가 말이 거꾸러지는 바람에 말에서 떨어졌습니다. 다행히 다친 곳은 없었지만 임금 체면이 말이 아니었지요. 태종은 주변을 돌아보며 이렇게 말했습니다. "사관이 알게 하지 말라." 그런데 우리는 이 이야기를 어떻게 알게 되었을까요?

 조선에서는 기록을 중시했습니다. 빠짐없이 기록해야 정치가 투명해지고, 그래야 공정하고 바르게 될 수 있다고 생각했기 때문입니다.

이를 위해 조선이 강화한 제도가 사관 제도입니다. 임금이 정치를 하는 자리에 언제나 사관 두 명이 따라다니며 일거수일투족을 적었습니다. 조선 초기에 왕은 사관이 따라다니는 것을 불편해하기도 했습니다. 신하 한두 명과 비밀스럽게 이야기하고 싶은 것도 많았을 테니까요. 그렇지만 조선의 사관은 굴하지 않고 어디든지 따라다녀야 한다고 강력하게 주장했어요. 때로는 병풍 뒤에 숨어서, 혹은 변장을 하고 따라다니기도 했을 정도예요. 이러한 노력의 결과 임금이 계시는 곳이라면 사관이 있다고 자부할 정도가 되었지요. 그렇게 적은 기록은 잘 보관했다가 왕이 돌아가시면 제출해 실록을 편찬하는 자료로 삼았습니다.

태종의 사냥 이야기를 우리가 알게 된 것도 이 이야기가 『태종실록』에 실려 있기 때문이지요. 사관에게 알리지 말라고 했다는 말까지 고대로 실록에 실어 버린 겁니다. 조선 사람들이 기록을 대하던 마음가짐이 느껴지지 않나요?

실록 편찬은 새 임금이 즉위하면 가장 먼저 시작하는 일이었습니다. 그만큼 한 시대를 마감하고 새로운 시대를 시작한다는 중요한 의미를 지녔지요. 이러한 체제가 자리 잡기 시작한 것은 세종 때였습니다. 책 읽기를 좋아하는 세종은 『태종실록』도 한번 보고 싶었습니다. 그러자 우의정 맹사성이 이렇게 말했습니다.

"전하께서 이를 보시면 후세의 임금이 반드시 이를 본받아 실록을 고칠 것이며, 사관도 국왕이 볼까 봐 사실을 다 기록하지 않을 것이니, 어떻게 후세에 진실을 전하겠습니까?"

세종은 이 말을 받아들여 『태종실록』을 보려던 걸 그만두었다고 합니다. 세종이 볼 수도 있다고 생각했으면 말에서 떨어진 태종 이야기는 실록에 실리지 않았을지도 모릅니다. 그러나 사실 그대로 기록하려는 사관의 노력과 이를 존중하는 정치 문화가 자리 잡히면서 기록을 중시하는 전통이 이어질 수 있었습니다.

"왕은 살아서는 간쟁에 시달리고 죽은 뒤에는 역사 기록을 두려워해"

왕은 죽은 후 남게 될 역사 기록을 두려워하며 정치를 해야 했고, 살아서는 신하들의 비판에 시달려야 했습니다. 이를 담당한 기관은 사간원으로, 임금님을 비판하는 것을 '간쟁'이라고 해요.

사헌부도 함께 간쟁에 참여했습니다. 사헌부는 풍속을 바로잡고 관리의 잘못을 조사해 책임을 묻는 일을 맡았는데, 사간원과 함께 '대간'이라 불리며 왕과 관료의 잘못을 지적하고 고발하는 언론 활동을 펼쳤습니다. 성종 때 이후로는 홍문관까지 가세했습니다.

대간은 임금이 유흥을 즐기는 낌새만 있어도, 경연을 소홀히 해도, 임명한 관리에게 문제가 있어도 비판을 했습니다. 관리 임명이나 법을 개정할 때는 동의권을 행사했고요. 잦은 간쟁 때문에 임금이 피곤해하는 경우도 있었습니다. 숙종은 간쟁하려고 대간이 모이는 걸 싫어해 모임 방의 구들장을 빼 버렸다는 이야기가 전할 정도입니다. 방이 추우면 아무래도 오래 머물지 못할 테니까요. 하지만 대간이 아무리 맘에 안 들어도, 쓴소리를 해도 함부로 파직하거나 벌을 줄 수 없었습니다. 명분 없이 대간을 벌했다가는 "언로가 막혔다!"는 더 큰 비판에 부딪치기 십상이었으니까요.

언론 3사의 관원들은 왕과 높은 관료에게 밉보이기 일쑤였지만 뜻이 높고 꼿꼿한 관리로 인식되어 존경을 받았습니다. 덕분에 이곳을 거쳐 높은 관직으로 가곤 했지요. 대간은 특별한 실무를 맡지 않았습니다. 하루 일과가 관청에 모여 차를 마시며 정국에 대해 논의하는 게 다였지요. 군이 한갓진 기관을 만들고, 유능하고 결기 있는 관리를 배치한 것은 권력에 대한 견제가 중요하다는 생각 때문이었어요. 조선의 왕은 살아서는 언론 3사의 간쟁을, 죽어서는 역사의 평가를 두려워해야 했습니다.

영의정은
힘이 얼마나
셌을까?

경복궁 광화문 앞 세종로라고 하는 큰 도로 가운데에는 광화문 광장이 있고, 이 광장에 는 세종 대왕 동상과 이순신 장군 동상이 있지요. 조선 시대에는 이 도로 양옆에 의정 부와 육조가 있었어요. 여기에서는 어떤 관리들이 일했을까요?

 조선 시대에는 궁궐의 앞, 즉 남쪽 에 관청이 위치했습니다. 그래서 경복궁 광화문 앞 세종로에는 주요 관청인 의정부와 육조가 있었지요. 의 정부는 지금 대한민국 역사 박물관 북쪽에 있었고, 여섯 개의 관 청인 육조는 이 도로 좌우에 나뉘어 있었습니다.

의정부는 영의정, 좌의정, 우의정이 책임을 맡은 관청으로, 큰 나랏일을 의논해서 왕에게 의견을 전달하고 다른 행정 기관을 관리 감독하는 일을 맡았습니다. 정승, 재상 이런 말은 다 의정부 에 있는 세 명의 의정을 가리키는 말이었습니다. 이 가운데에서도 가장 높은 관직인 영의정은 '일인지하 만인지상(한 사람의 아래, 모든 사람의 위)'의 지위를 지녔다고 일컬어지곤 했습니다. 요새는 국무 총리에 대해 이렇게 부르곤 하죠. 조선의 정승은 임금을 바르게 보좌하고 백성을 이끌며 나랏일을 책임지는 중책을 맡고 있었습 니다. 시기에 따라 정승의 권한이 강했던 때도 있었고 약했던 때도 있었지만, 중국이나 일본에 비해 대체로 권한이 큰 편이었습니다.

육조는 이조, 호조, 예조, 병조, 형조, 공조를 가리킵니다. 나라 의 업무를 여섯 가지로 분류한 것입니다. 이조는 문관의 인사 행정과 상벌을 담당했고, 호조는 인구와 세금 관리 업무를, 예조는 외교와 교육 및 과거를 맡았습니다. 병조는 국방과 무관의 인사 행정, 과거 중에서 무과를 맡았고, 형조는 법률과 재판 업무를, 공조는 수공업 관리와 건축, 공사 업무를 담당했습니다. 각 조의 장은 판서와 참판으로, 오늘날의 장관과 차관이라고 생각하면 됩니다. '이·호·예·병·형·공'은 노래처럼 외우면 좋습니다. 통치 업무를 이렇게 여섯 가지로 나누는 것은 지방에서도 마찬가지로, 수령을 보좌하는 향리를 이방, 호방, 예방, 병방 등으로 불렀어요.

"왕에 따라 왕권과 신권이 엎치락뒤치락"

조선 초에는 의정부와 육조의 업무를 국왕에게 어떻게 보고하고 처리하느냐에 따라 업무 처리 방식이 변화하곤 했습니다. 의정부가 육조의 보고를 맡아서 처리한 후에 국왕에게 보고하는 형태를 취하는 것을 '의정부 서사제', 육조에서 의정부를 거치지 않고 국왕에게 직접 보고하는 것을 '육조 직계제'라고 합니다.

조선 건국 후 처음 선택한 체제는 의정부 서사제였습니다. 육조에서 의정부에 업무 보고를 하면 의정부에서 처리할 것은 처리하고 국왕의 재가를 받아야 하는 것은 골라서 보고를 했지요. 왕이 보고를 검토해서 결정을 하면 의정부에서 이를 받아서 다시 육조에 전달했습니다. 이는 상대적으로 의정부에 권한과 자율성을 많이 부여한 것으로, 신권이 강화되고 왕권이 약화될 수도 있었습니다.

왕의 권한을 중시했던 태종은 말년에 육조 직계제로 바꿉니다. 육조의 업무 보고를 왕이 직접 받고 처리한 것이지요. 이것은 아무래도 왕의 권한과 입김이 강하게 들어갈 수밖에 없는 체제입니다. 육조 직계제는 세종 후반에 다시 의정부 서사제로 바뀝니다. 이때는 왕권과 신권의 문제라기보다 세종의 건강이 안 좋아서 이전처럼 업무를 수행하기 힘들었기 때문이었습니다. 이 무렵 세종은 걸어 다니는 종합 병원이라고 해도 될 만큼 건강이 악화된 상태였거든요. 이후 왕권을 강화하려고 했던 세조는 다시 육조 직계제로 바꾸었지요.

의정부와 육조는 나라를 다스리는 근간이 되는 조직이었습니다. 그러나 16세기에 왜구의 난이 몇 차례 일어나자 이러한 변란에 빠르게 대처하기 위해 비변사라고 하는 임시 기구를 설치합니다. 정부의 고위 관리들이 모두 모여 회의를 하는 기구였지요. 이것이 임진왜란 이후 상설화가 되면서 조선 후기에는 비변사를 중심으로 통치가 이루어집니다. 비변사가 폐지되고 의정부가 다시 제 권한을 갖게 된 것은 조선 말 고종 대에 이르러서였습니다.

12

'조선'을 지탱한
책 두 권은?

성종은 어린 나이에 왕위에 올라 25년간 나라를 다스렸습니다. 이름에 '이룰 성(成)'자가 있을 만큼 성종 때 조선 초부터 진행되어 온 여러 제도와 문물이 완성되었는데, 특히 조선을 지탱하는 중요한 두 책인 『경국대전』과 『국조오례의』가 이때 완성됩니다. 이 두 책은 조선 후기에 일부 수정되거나 보완되기도 했지만 원전이라는 위치는 잃지 않았습니다.

『경국대전』은 요즘으로 치면 헌법부터 민법까지 다 아우르는 종합 법전입니다. 이전 시기에도 법률이 없었던 것은 아니지만 이처럼 나라 전체의 통치 체제를 종합적으로 규정한 법전은 조선이 들어서며 처음 만들어진 것이었습니다. 법전 편찬에 본격적으로 착수한 세조 때부터 30여 년 이상이 걸린 작업이었지요.

　『경국대전』의 완성에는 몇 가지 의의가 있습니다. 우선 나라의 기본이 되는 행정 체제와 법체계가 성문화되면서 왕이라도 정해진 법에 바탕을 두지 않고는 나랏일을 마음대로 할 수 없다는 점입니다. 왕조 시대이기 때문에 여전히 '임금님 말씀이 법'이긴 했지만 아무렇게나 하시면 안 되는 거였지요. 또 중국 법률을 많이 참조하긴 했지만 조선의 실정에 맞추어 법률 체계를 만들었습니다. 사회 구조가 달라서 중국 법률을 그대로 적용할 수는 없었으니까요. 대표적인 것이 친족의 범위입니다. 우리는 중국에 비해 외가와 훨씬 가까웠기 때문에 외가 쪽의 친족을 인정하는 범위가 중국보다 넓었습니다.

앞서 육조에 대해 설명했지요? 육조가 있었던 것처럼 『경국대전』도 육전으로 구분되어 있어서 육조로 된 행정 조직과 서로 연결이 됩니다. 그만큼 국가 전체의 통치 구조를 체계적으로 규정한 것이었지요.

『경국대전』은 법전이라고 생각하면 이해하기 쉬운데, 『국조오례의』는 지금 우리가 제대로 이해하기 어려운 책입니다. '예'라고 하면 우리는 흔히 예절, 동방예의지국 이런 말을 떠올릴 정도로 매우 협소하게 이해를 하고 있거든요. 하지만 조선 시대에 '예'라는 것은 인간 사회와 문화의 질서 전체를 가리키는 말이었습니다. 이것은 자연의 원리를 담고 있는 것이면서 사람이 하는 행위의 기준이 되는 것이라고 보았습니다.

"성리학에 맞지 않으면 아무리 중요한 행사라도 빼!"

『국조오례의』도 조선 초부터 의례를 정비해 오던 노력의 연장선상에 있었습니다. 『세종실록』을 만들면서 『오례의』로 일단 정리했던 것을 다듬어서 성종 때 『국조오례의』로 완성한 것입니다. 길례, 가례, 빈례, 군례, 흉례 이렇게 오례로 나누어 나라의 행사와 의식의 종류, 대상과 등급, 체계를 정해 놓았습니다.

이 책에는 특히 조선의 정치적 지향이 담겨 있습니다. 어떤 정치적 지향이냐고요? 예를 들면『국조오례의』에는 도교나 불교 관련 의례는 수록되어 있지 않습니다. 고려 때부터 국가적으로, 혹은 왕실 차원에서 해 왔던 도교나 불교 의례는 굉장히 많았습니다. 태조 왕건이 훈요십조에서 언급했던 연등회나 팔관회가 대표적이었지요. 이러한 의례는 조선 건국 후에도 여전히 높은 위상을 가지고 있었습니다. 신하들이 연등회를 폐지하자고 하자 세종이 백성들이 너무 익숙해져 있는데 단박에 폐지하는 것은 힘들다고 할 정도로요. 이처럼 비공식적으로 큰 영향력을 갖고 있었음에도 연등회는『국조오례의』에 수록이 되지 않았습니다. 나라의 지침과 방향을 도교나 불교가 아닌 성리학 중심으로 가겠다는 의지를 표방한 것이었지요.

또 조선 초에 논란이 되었던 원구단도 결국『국조오례의』에서 빠졌습니다. 원구단은 하늘에 대해 유교적으로 제사를 지내는 장소입니다. 농사를 좌지우지하는 존재인 하늘은 사람들이 가장 원초적으로 기원하는 대상입니다. 그렇지만 책봉-조공 체제에서 제후는 하늘에 직접 제사를 지내서는 안 됩니다. 하늘에 대한 제사는 천명을 받은 천자만이 행할 수 있기 때문입니다. 고려 시대에는 이러한 관념이 그렇게 체계적이거나 중요하지 않아서 원구단을 두고 제사를 지냈습니다. 사실 유교 의례가 차지하는 비중도 작았던 터라 원구단 제사 자체가 그렇게 중요하지 않았지요.

그런데 조선이 건국되고 유교 의례를 제대로 행하려고 하다 보니 하늘에 대한 제사인 원구단이 문제가 됩니다. '제후는 하늘에 제사를 지낼 수 없으니, 틀린 제사를 지내는 것은 아무 의미가 없다'고 주장하는 쪽에서는 원구단을 폐지하자고 하고, '이런 가뭄에 하늘에 기원하지 않으면 어디에다 빌겠느냐'고 주장하는 쪽에서는 원구단을 두고 제사를 지내자고 했습니다. 양측의 대립은 상당히 팽팽했습니다. 그래서 원구단은 폐지와 설치를 반복했지요. 특히 세조처럼 왕권을 과시하고 싶어 한 왕은 원구단 제사를 그런 측면으로 이용하기도 했습니다. 그러나 결국은 전자의 의견이 대세가 되면서 원구단은 폐지됩니다. 이는 황제국인 대한 제국을 선포하는 1897년에야 다시 만들어지게 됩니다.

『경국대전』과 『국조오례의』는 조선이라는 나라의 틀을 보여 줍니다. 성문화한 법과 예를 통해 사회의 질서와 통치 체제를 규정하고 이에 근거하려고 한 것은 이전에 비해 훨씬 정교해지고 체계화된 국가의 모습을 보여 줍니다.

3장

사림의 시대가 열리다

13

조선 시대에도
쿠데타가
있었을까?

연산군이 쫓겨나고 동생인 진성 대군(중종)이 즉위한 사건을 중종반정이라고 합니다. 우리 역사에서는 연산군을 폐위한 중종반정과 광해군을 폐위한 인조반정, 이 두 사건을 반정이라고 표현해요. 통치자를 쫓아내고 정권을 바꾸었다는 점에서 비슷한 의미로 요새 우리가 잘 쓰는 말이 있습니다. 바로 쿠데타죠. 반정은 쿠데타와 뭐가 다를까요?

쿠데타(Coup d'état)는 말을 그대로 옮기면 정부에 한 방 먹인다는 뜻으로, 무력으로 정권을 빼앗는 것을 가리킵니다. 쿠데타를 우리말로 번역하자면 '정변'이라고 할 수 있습니다. 고려 때 무신정변이 바로 무신에 의한 쿠데타를 뜻하지요.

중종반정과 인조반정에서도 무력이 동원되긴 했지만 반정의 주도자는 명분을 더욱 중시했습니다. '반정'은 원래 '발란반정(撥亂反正)'이라는 말을 줄인 것으로, 발란(撥亂)은 어지러움을 다스린다는 뜻이고, 반정(反正)에서 '반'은 반대한다는 뜻이 아니라 돌아간다는 뜻으로 반정은 바름으로 돌아간다는 뜻입니다. 그러니까 반정은 폭력을 사용해서 힘으로 뒤엎은 것이 아니라 바른 명분을 위해 일어났다는 점을 강조하는 용어입니다. 중종반정을 일으킨 사람들은 자신들의 행위가 바른 명분을 위해 일으킨 의거라고 생각해 '반정'이라는 용어를 사용한 것이지요. 반정에서는 명분을 바탕으로 여론의 지지와 절차적 정당성을 확보하는 것이 중요했습니다.

조선에서 왕을 바꾸기 위해 신하들이 일어난 것은 중종반정이 처음이었습니다. 그만큼 전례가 없었던 일이 일어난 건 연산군의 정치가 상상 이상으로 포악했기 때문이었습니다. 연산군은 즉위 당시만 하더라도 똑똑하다는 평을 받았습니다. 궁궐 밖에서 연산군의 본모습을 잘 몰라서 그런 평을 했다고도 합니다만. 연산군은 왕의 권한을 강화해야 한다는 생각이 강해서 왕에게 쓴소리를 해 대는 관리들을 눈엣가시처럼 여겼습니다. 그러던 중 아버지 성종의 실록을 편찬할 때, 관리들이 세조가 단종의 왕위를 빼앗은 사건을 풍자한 글을 넣으려고 했다는 사실이 왕에게 알려졌습니다. 연산군은 이를 빌미로 많은 관리를 처벌했는데, 무오년에 일어난 선비들의 재앙이라고 해서 '무오사화(1498년)'라고 합니다.

이후 연산군은 고삐 풀린 말처럼 제멋대로 정치를 하게 됩니다. 그것이 또 한 차례 크게 폭발한 사건이 갑자사화(1504년)로, 폐비가 되어 사약을 받고 죽은 자신의 어머니 폐비 윤씨의 죽음에 책임이 있다 싶은 사람은 모조리 죽이거나 귀양을 보낸 사건입니다.

연산군은 조선의 근본 가치를 전혀 인정하지 않았습니다. 끝내 홍문관, 사간원을 없애 버리고, 사헌부도 유명무실하게 만들었습니다. 권력 견제 장치를 없애 버린 것입니다. 성종의 후궁을 때려 죽이고 그 자녀를 귀양 보내거나 죽여서 할머니인 인수대비를 결국 화병으로 돌아가시게 했으니, 효의 가치를 무시한 것입니다. 또 성균관을 없애고 거기에서 짐승을 기르질 않나, 도성 안 대궐 근처의 인가가 보기 싫다고 우루루 철거를 해 버리고, 도성 밖 100리를 경계로 있던 마을을 다 비우고는 사냥터로 만들어 버렸습니다. 애민의 의무를 저버린 것입니다.

"흥청망청 놀아난 연산군, 신하들에게 쫓겨나다"

거기다 궁궐을 넓히고 놀 곳을 만들어서는 밤낮을 가리지 않고 연회를 벌였습니다. '흥청망청'이라는 말을 들어 본 적 있나요? 이 말은 바로 연산군에게서 비롯됐습니다. 연산군이 연회를 벌이려고 공연과 유흥을 담당할 기생을 전국에서 뽑아 왔는데, 이들을 흥청이라 부르고 이들을 뽑아 오는 관리를 채홍사라고 불렀습니다. 연산군은 이 흥청을 1만 명을 채우려고 했답니다. 심지어 기생뿐만 아니라 사대부 집안의 여성도 얼굴이 좀 예쁘다 싶으면 데려오는 일도 서슴지 않았다고 합니다.

국왕이 이런 짓을 하면 그 옆에 들러붙는 아첨꾼이 있기 마련입니다. 이런 아첨꾼은 국왕을 뒷배 삼아 사람들을 착취하지요. 연산군의 총애를 받은 후궁과 신하들이 이런 착취에 앞장섰습니다. 지나가며 서로 말만 나눠도 역모 의심이 있다 해서 잡혀가는 세상이 되고, 사는 곳에서 내몰린 백성들은 사방으로 뿔뿔이 흩어지곤 했습니다.

이러한 상황을 더 이상 참을 수 없던 이들은 드디어 반정의 기치를 올려 연산군을 몰아내고 중종을 왕위에 올렸습니다. 이제 망가진 정치 체제를 바로 잡고 바른 정치를 해야 한다는 분위기가 넘실댔습니다. 중종의 시대는 망가질 대로 망가진 체제를 복구하고 흐트러질 대로 흐트러진 사회 기강을 바로 잡아야 한다는 기대를 바탕으로 시작되었습니다.

14

조광조는
왜 실패했을까?

중종은 왕이 될 수 있다는 예상이나 준비가 없던 상황에서 반정으로 갑자기 왕이 되었습니다. 그런 데다 그의 앞에 놓인 과제는 매우 무거웠지요. 무너진 사회 기강을 다시 세워야 한다는 시대적 과제 앞에 중종은 이러한 개혁의 선봉에 설 만한 참신한 인물을 찾았습니다. 그 사람이 누구였을까요?

무너진 기강을 세워야 한다는 고민을 하던 중종이 추천받은 사람은 바로 조광조였습니다. 조광조는 조선의 개국 공신인 조온의 5대손으로, 당시 성균관 유생이었습니다. 이 무렵 성균관의 선비들 다수는 시험에 필요한 글짓기나 강독만 할 뿐이지, 경전의 참뜻을 연구하며 자신의 행실을 바로잡는 이가 드물었습니다. 그럴 때 조광조를 비롯한 몇몇은 한여름에도 의관을 정제하고 단정히 앉아 글을 읽어 눈에 확연히 뜨였답니다. 십 대 때에는, 서슬 퍼렇던 연산군이 귀양을 보낸 김굉필을 찾아가서 배움을 청할 정도로 배짱도 두둑해서 '미친놈'이라는 별명을 얻기도 했다네요. 명문가 출신에 공부도 잘했던 데다 주변 눈치 안 보고 옳은 길을 찾는 지사적 풍모를 가지고 있었던 것이지요.

삼십 대의 나이에 중종의 두터운 신임을 얻게 된 조광조는 성리학을 전면에 내세우며 적극적으로 개혁을 추진합니다. 지방에서 향약을 실시해 사람들을 교화시키자고 주장했고, 서울에 있는 소격서 폐지도 주장했어요. 지금 경복궁 동편 동네에 있던 소격서는 도교 제사를 지내던 관청이었답니다. 조선이 성리학을 전면에 내세워 건국되긴 했지만 여전히 소격서를 비롯한 여러 관청에서 공식, 비공식적으로 불교나 도교 관련 의례나 제사가 많이 행해지고 있었습니다. 많은 사람들은 오랫동안 제사를 지내 왔으니 굳이 소격서를 폐지할 필요가 없다고 했지만 조광조는 결국 이를 혁파하는 데 성공했습니다.

이어서 조광조는 과거로는 충분히 좋은 인재를 선발할 수 없으니 천거를 통해 능력 있는 인재를 등용하는 제도(현량과)를 실시하자고 건의했습니다. 이를 통해 자신과 뜻을 같이하는 신진 사류, 즉 사림을 많이 진출시킨 조광조는 이제 큰 개혁을 추진하기 시작했습니다. 바로 중종반정의 공신이 지나치게 많으니 제대로 된 공신만 남겨야 한다는 것이었지요. 이것이 위훈(거짓 공훈) 삭제입니다.

실제로 중종반정의 공신 중에는 공도 없으면서 올라가 있는 경우가 상당히 많았습니다. 예를 들어 반정의 핵심 공신이었던 성희안, 박원종, 유순정은 공신을 책봉하면서 자식과 형제도 다 공

현량과
조광조는 당시의 과거 제도가 성리학 본질에 대한 탐구보다 시가와 문장 공부에만 몰두하게 하면서 폐단이 발생하므로 참다운 인재 선발이 불가능하다고 생각했다. 그래서 학문과 덕이 뛰어난 인재를 천거하고 왕 앞에서 왕의 질문에 대답하는 시험을 거쳐 선발하는 현량과를 건의하고 실시했다. 하지만 기득권 세력의 반발을 가져왔고 이때 천거된 인물들은 기묘사화 이후 조광조와 함께 관직에서 쫓겨났다.

신으로 올렸습니다. 특히 성희안이 친척을 가장 많이 올렸는데, 눈치가 좀 보였는지 매부 한 명은 빼놓았습니다. 그러자 성희안의 어머니가 노해 드러누워 시위를 하는 바람에 하는 수 없이 그 매부도 공신에 올렸다고 합니다. 사람들은 뒤에서 이 사람을 '노와공신(어머니가 노해서 드러누워 된 공신)'이라고 쑥덕대곤 했답니다.

"시대를 앞서간 조광조의 개혁, 4년 만에 물거품이 되다"

조광조 그룹의 위훈 삭제 추진은 당연히 큰 반대에 부딪혔지만 결국 전 공신 가운데 3/4에 달하는 70여 명을 대거 삭제하는 데 성공했습니다. 조광조의 정치는 이렇게 급진적이면서도 새로운 기세가 가득했습니다. 그는 공신 같은 기득권 세력에 대한 공격에 멈추지 않았고, 왕인 중종에게도 잔소리를 그치지 않았습니다. 경연을 강화하고 경연 때마다 왕이 마음을 바로잡아 성리학적인 바른 정치를 펼쳐야 한다고 끊임없이 간언한 것이지요. 처음엔 조광조에게 전폭적인 지지를 보내던 중종은 점점 이러한 간언에 염증을 느끼고 조광조가 왕권을 위협한다고 생각하게 되었습니다. 또 공신에 대한 공격은 그 공신에 의해 왕이 된 자신을 향할 거라고 생각했지요.

결국 중종은 한밤중에 명을 내려 조광조를 잡아들여 귀양을 보내 버리더니 얼마 지나지 않아 사약까지 내렸습니다. 이와 함께 조광조와 뜻을 같이하고 그를 따른 신진 사류를 대거 숙청하게 됩니다. 이를 기묘년에 일어난 선비들의 재앙이라고 해서 기묘사화(1519년)라고 합니다.

조광조의 실각과 관련해서는 잘 알려진 야사가 있어요. 조광조를 반대하는 남곤 등이 궁의 후궁과 결탁해 나뭇잎에 꿀로 '주초위왕(走肖爲王)'이라고 써서 벌레가 이 부분만 갉아먹게 했고, 이 나뭇잎으로 중종을 설득했다는 얘기입니다. 주초(走肖)를 합치면 조광조의 '조(趙)' 씨가 되니까, 주초위왕은 조씨가 왕이 되려 한다는 뜻입니다. 학창 시절에 기묘사화를 외우며 주초위왕 같은 기묘한 사건 때문에 일어났다고 외웠던 기억이 납니다. 정말 이런 나뭇잎이 있었는지는 알 수 없지만, 그렇게도 조광조를 신임하던 중종의 마음이 순식간에 180도 바뀌었다는 것은 당시 사람들에겐 정말 기묘한 일이긴 했을 겁니다.

조광조가 중종의 신임을 받아 개혁 정치의 파란을 몰고 온 것은 딱 4년이었습니다. 너무나도 허무하게 하루아침에 실각했고, 믿었던 국왕은 한순간에 마음을 바꾸었습니다. 조광조가 추진하던 개혁 대부분은 무위로 돌아갔고, 그를 따르던 선비들도 같이 화를 입거나 큰 충격을 받고 시골에 은거해 버렸습니다. 그렇지만 조광조의 정신과 가치는 이후 조선 사회에 굳건히 자리 잡습니다.

15

'4대 사화'가 일제 때 만들어진 말이라고?

조선 중기의 4대 사화(무오사화, 갑자사화, 기묘사화, 을사사화)를 묶어서 정리해 보면 좀 이상한 점이 보입니다. 선비들이 화를 입었다는 점만 빼고 사건의 발생 원인이나 결과가 다 다릅니다. 사건의 성격도 제각각이고요. 또한 선비들이 화를 입은 사건은 이 네 번만이 아니었습니다. 그런데 이렇게 16세기 사화만 콕 집어서 묶은 것은 무엇 때문일까요?

중종의 사후 중종과 장경 왕후 사이에서 태어난 인종이 즉위했지만, 재위 기간을 1년도 채우지 못하고 죽었습니다. 그 뒤를 이어 중종과 문정 왕후 사이에서 태어난 명종이 즉위했습니다. 명종이 열두 살의 나이로 즉위하자 어머니 문정 왕후가 한동안 수렴청정을 했습니다. 수렴청정이란 어린 왕 대신 왕의 어머니가 발을 드리우고(수렴) 정치를 하는 것(청정)을 뜻합니다. 이 시기에 을사사화(1545년)가 발생합니다. 을사사화는 인종의 어머니 장경 왕후 윤씨의 친족과, 명종의 어머니 문정 왕후 윤씨의 친족 사이의 대립으로 인해 벌어졌습니다.

이 당시 일어난 4대 사화가 특별히 부각된 것은 일제 강점기 때였습니다. 일제 강점기 때 이 시기를 연구한 일본인 학자가 조선은 이 시기에 경제적으로 가난한데 관료의 수가 늘면서 적은 밥그릇을 놓고 싸우다가 이러한 사화가 발생했다고 보았습니다. 이렇게 밥그릇 싸움이 심했던 것을 조선 민족의 특징으로 보기도 했습니다. 바로 '당파성론'입니다. 조선인의 당파성 때문에 이후 사

색 당파(네 개의 무리)로 갈려 극심하게 당쟁을 벌였고 이것이 조선
이 망한 이유라고 보았습니다.

　그렇지만 잘 살펴보면 4대 사화는 원인도 결과도 다 다른 별
개의 사건이었고, 관료들 사이에서만 일어난 분란도 아니었습니
다. 무오사화나 갑자사화, 기묘사화는 모두 왕권과 신권의 문제가
깊게 관여되어 있었지요. 더구나 이때는 조선이 경제적으로 어려
웠던 시기도 아니었습니다. 그래서 요즘 연구자들은 '4대 사화'를
묶는 것에 대해 다시 생각해야 한다고 합니다. 과거의 사건이 바
뀌지 않아도 이렇게 관점이 달라지면 역사는 새롭게 서술될 수 있
습니다.

　명종이 후사 없이 죽고 선조가 즉위한 후 얼마 안 가 관료 사
회는 동인과 서인으로 당이 나뉩니다. 처음으로 붕당이 생기게 된
것이지요. 이 일에 대해 예전에는 *이조 정랑*이라는 관직을 두고 심
의겸과 김효원이 안 좋은 감정을 쌓았고, 각자의 편을 드는 사람
들이 동인과 서인으로 분당된 것이라고만 보았습니다. 표면적인

이조 정랑

**이조 정랑은 이조의 정5품 관직으로, 실무를 책임진 관리였다. 관직 자
체가 높지는 않았으나 문관의 인사 행정을 맡아, 언론 삼사의 관원을 제청하는 임명 제청
권이나 자신의 후임자를 추천하는 권한 등 막중한 권한을 가지고 있었다. 심의겸과 김효원
이 이 자리의 임명을 놓고 갈등을 빚은 것은 그만큼 이 관직의 위상과 권한이 높았기 때문
이었다.**

이유는 틀리지 않습니다. 관직을 놓고 싸웠다고 하니, 일제 강점기 때의 당파성론에 딱 들어맞는 이야기처럼 보입니다. 그렇지만 내막을 놓고 보면 그렇게 단순한 밥그릇 싸움이 아니었습니다.

동인과 서인의 분당은 거슬러 올라가면 명종 때의 척신(국왕의 외가 친척, 혹은 혼인해 맺어진 친척) 정치를 어떻게 얼마나 청산할 것인가라는 문제와 관련이 깊었습니다. 을사사화로 권력을 장악한 윤원형 같은 이는 누이인 문정 왕후가 수렴청정을 하자 이를 믿고 멋대로 벼슬을 사고팔며 재산을 늘렸습니다. 또 불교를 깊이 믿은 문정 왕후는 승과를 복원해 불교를 지원하고 왕실의 재산을 늘리는 데 몰두했습니다. 그 유명한 도적 임꺽정과 그 무리가 활약했던 시기가 바로 명종 대입니다. 위가 문란하니 그만큼 아래도 힘들었던 시대였지요. 문정 왕후가 죽자 윤원형 등이 쫓겨나거나 죽으면서 척신에 의해 좌지우지되어 망가진 정치를 바로잡아야 한다는 문제의식이 대두됩니다.

"잘못된 정치의 극복 과정에서 동·서로 분당된 것"

동·서 분당의 계기가 되었던 심의겸과 김효원의 사건은 이러한 전 시대의 청산과 관련이 깊었습니다. 심의겸은 명종의 처남이었지만, 문정 왕후 집안과 윤원형이 득세하며 여러 선비에게 화가 미칠 때 선비들을 구제해 준 공이 있었습니다. 그러니 외척이라고 해도 이런 사람은 봐줘야 한다는 사람이 있는 반면, 어쨌거나 외척은 외척이니 배제해야 한다는 사람도 있었습니다.

한편 김효원은 신진 사류였지만 출세를 해 보려고 윤원형의 집에 기숙한 행적이 있어 떳떳하지 못한 부분이 있었지요. 심의겸과 김효원의 대립을 놓고 관료들의 의견이 갈린 것은 바로 이러한 부분들에 대해 평가와 입장이 달랐기 때문입니다.

정치는 단순히 밥그릇만을 놓고 싸우는 것에 그치지 않습니다. 밥그릇을 놓고 싸우더라도 여러 사람의 지지를 끌어내기 위해서는 그들도 동참할 수 있는 지향과 명분을 제시해야 합니다. 심의겸과 김효원의 갈등이 관료 사회 전체의 싸움으로 번진 것은 명종 대의 잘못된 정치를 어떻게 극복해야 하는가라는 중요한 문제가 걸려 있었기 때문입니다.

조선의 붕당은 이렇게 옳은 가치와 명분이 무엇이냐는 질문에 대해 서로 다른 답을 가지고 있었기 때문에 생겨난 것입니다.

16

서원을
경치 좋은 곳에
세운 이유는?

2019년 한국의 서원이 유네스코 세계 유산에 등재되었습니다. 한국의 세계 유산 중 14번째로 등재된 문화유산으로, 대표성과 건축적 미학 등을 갖춘 소수 서원과 도산 서원, 병산 서원을 비롯한 아홉 개의 서원이 등재되었습니다. 그런데 이러한 서원은 어떻게 붕당의 근거지가 되었을까요?

 조선에서 처음 만들어진 서원은 16세기 건립된 경북 영주의 소수 서원입니다. 원래 이름은 백운동 서원이었는데, 나라에서 이름과 현판을 내려 주면서 소수 서원이라는 이름을 갖게 되었습니다. 이렇게 나라에서 이름과 현판을 내려 준 서원을 사액 서원이라고 하는데, 사액 서원이 되면 세금도 면제받고 토지나 노비, 서적도 받는 등 여러 면에서 혜택을 받게 됩니다.

서원을 건립할 때 처음 고려하는 가장 중요한 요소는 어떠한 선현, 즉 선배 학자를 모실까 하는 점입니다. 그리고 그 선배 학자와 연고가 있는 장소를 선택해 서원을 설립합니다. 영주의 소수 서원은 고려 말 성리학 도입에 공이 큰 안향이라는 학자를 모셨는데, 영주가 안향의 고향이었기 때문입니다.

서원에서는 이렇게 존경할 만한 선배 학자의 위패를 모시고, 그 사람을 기리는 후배들이 모여 공부를 하고 마음을 수양했습니다. 앞에서 조선의 붕당은 옳은 가치와 명분이 무엇이냐는 질문에 대한 답에 따라 갈리게 되었다고 했습니다. 이러한 답은 자신의 가풍과 학풍에 영향을 받지 않을 수가 없어서, 자연히 특정 학자들을 중심으로 그룹이 형성되었습니다. 그리고 그러한 학자를 모신 서원에는 그 생각을 추종하는 후배 학자들이 모이게 되었고요.

　동인은 선조 때 처음 진출한 신진 학자들이 많았고, 그래서인지 좀 강경한 의견을 가진 편이었습니다. 이들은 개성의 서경덕, 진주의 조식, 안동의 이황 등에게서 배운 문인들이 많았습니다. 그래서 지역적으로 진주와 안동의 서원은 동인(이후 남인과 북인으로 갈립니다)에 속하는 경우가 많습니다. 안동의 도산 서원은 퇴계 이황을 모시는 대표적인 서원이지요. 안동을 중심으로 하는 영남 지역은 남인이 많아서 아예 '영남 남인'이라고 칭하기도 합니다. 이에 비해 서인은 이이와 성혼의 문인들이 주축을 이루는데, 그 제자들이 서울과 경기, 충청도(호서 지역)에 주로 거주해서 '기호학파'라고도 합니다. 이 지역의 서원들 역시 서인 계열의 학자들을 모시는 경우가 많지요.

　성리학자들은 나라가 안정되어 다스려질 만하면 정치에 투신해 일을 하고, 그렇지 못할 것 같으면 시골에 은거해 연구를 하고 제자를 길러 도학이 계승되기를 도모해야 한다고 보았습니다. 그렇기에 서원은 제자를 양성하고 학문을 계승하는 중요한 장소가 된 것이지요. 벼슬은 하지 않으면서 재야에서 이렇게 학문에 힘쓰고 제자를 키우는 사람은 '산림'이라 불리며 존경을 받기도 했습니다. 서원은 이렇게 붕당의 학문적 기반으로 후학을 양성하며, 각 붕당의 정치 철학을 지지하는 역할을 했습니다.

서원은 18세기에 들어 급속도로 확산되었습니다. 숙종 때 환국이 거듭되며 붕당 간의 대립도 극대화되었을 때 이러한 서원들은 각 붕당의 기반으로 정치적으로 복잡하게 얽혀 들어갔습니다. 한편 사액 서원이 늘어나 국가의 재정에도 문제가 생겼고, 개중에는 그 위세를 악용해서 지역 주민을 수탈하는 경우도 있었습니다. 그래서 여러 차례 서원 설립을 제한하거나 철폐하는 정책이 취해졌는데, 가장 강력한 것이 바로 흥선 대원군 집권기 때의 서원 철폐령입니다. 전국에 47개소만 남기고 나머지 600여 개의 서원을 철폐한 것입니다.

고종 때 서원 철폐령이 내려진 배경에 대한 야사가 하나 전해집니다. 흥선 대원군이 평범한 종친 중 한 명에 불과하던 시절, 송시열을 모신 화양 서원 앞에서 말에서 내리지 않고 그냥 말을 타고 지나다가 그 근처를 지키던 유생들에게 발길질을 당하는 봉변을 당했습니다. 그 일로 원한을 품은 흥선 대원군이 훗날 권력을 잡고서는 화양 서원을 위시해 전국의 서원을 철폐했다는 이야기입니다. 이야기의 진위는 알 수 없지만, 화양 서원은 원래 송시열을 모신 여러 서원 중에서도 굉장히 대표성이 높은 곳이었는데 이런 곳이 철폐되어 당시 사람들이 상당히 충격을 받았던 게 아닌가 싶습니다.

"산수가 좋은 곳에 인격 수양과 학문을 위한 서원을 세워"

서원에 가면 다 고만고만하고 비슷한 한옥인 것 같아서 재미가 없을지 모르겠습니다. 그러나 기본 구조를 이해하고 보면 다시 보일 겁니다. 서원은 선배 학자의 위패를 모셔 놓고 제사를 드리는 제사 공간(사당)과 학생들이 모여 공부를 하는 강당으로 크게 나뉩니다. 강당 주변에는 기숙사로 사용하는 동재와 서재가 있고, 주변에는 책을 보관하거나 제사나 학생들 수발을 드는 사람들이 머무는 부속 공간이 있습니다. 서원에 들어서는 입구에는 보통 누각 형태의 건물이 있는데, 특히 병산 서원의 만대루가 아름답기로 유명해요.

서원은 보통 수양과 학문을 잘하기 위해 산수 경관이 좋은 곳에 위치하고 있습니다. 그러다 보니 아무래도 좀 읍내와는 떨어진 한적한 산골에 있는 경우가 많아요. 나라에서 세운 향교가 읍내 관아 근처에 있었던 것과는 차이가 있지요. 유네스코 세계 유산에 등재된 서원에 가서 한적하고 아름다운 경치 속에서 옛 선비들의 마음을 한번 새겨 보면 어떨까요?

4장

조선,
위기에 빠지다

17

'혼일강리역대국도지도' 속 조선은 왜 클까?

1402년에 조선에서 만들어진 '혼일강리역대국도지도'라는 지도가 있습니다. 동쪽으로는 일본에서부터 서쪽으로는 아프리카와 유럽까지 그려진 세계 지도입니다. 이 지도 속 조선은 중국의 1/3이나 될 정도로 엄청 크게 묘사되어 있습니다. 조선 사람들은 정말 조선이 중국의 1/3이나 된다고 생각했던 것일까요?

'혼일강리역대국도지도'는 아메리카 대륙을 제외한, 당시 알려진 세계의 거의 전부를 담고 있어서 세계 고지도 연구에서 매우 중요하게 여겨지는 지도입니다. 이 지도에서 중국은 가운데 가장 크게 자리를 차지하고 있고, 한반도 역시 그 옆에 중국의 1/3 정도 크기로 그려져 있습니다. 크기나 거리가 정확히 표현된 지도는 아니지만, 실제 당시 사람들은 조선이 이 정도 된다고 생각했습니다.

옛말에 중국은 '만리지국'이라고 했습니다. 크기가 만 리 정도 된다는 거지요. 그리고 조선을 남북으로 재면 근 3천 리가 된다고 생각했습니다. '삼천리강토'라는 말은 이러한 인식에서 나왔습니다. 이런 점을 보면 '혼일강리역대국도지도'를 그릴 때 과장해서 그린 것이 아니라 당시 사람들의 생각을 그대로 반영했다는 걸 알 수 있습니다.

우리나라는 중국보다 훨씬 작은데 옛날 사람들이 너무 과장을 심하게 한 걸까요? 그럼 우리가 다시 따져 봐야 할 것이 있습니다. 지금 우리는 분단된 상태이기 때문에 조선 시대에 비해 영토가 절반으로 줄어들었습니다. 그에 비해 지금 중국은 18, 19세기 때보다 영토를 많이 확장한 상태여서 '혼일강리역대국도지도'가 만들어진 시기에 비하면 조금 과장해서 두 배 정도 커진 상태지요. 그러니까 지금은 조선 사람들이 살던 시기에 비해 우리나라 크기는 반으로 줄고 상대는 배나 늘어난 상황인 거예요.

더구나 지금은 우리가 큰 나라를 많이 알고 있지요. 중국 너머 러시아도 큰 나라고, 태평양 건너 미국도 큰 나라지요. 그렇지만 러시아는 조선에 거의 알려지지 않은 지역이었고, 중국을 제외하고는 주변에 조선처럼 통일되어 국가 체계를 갖추고 있던 곳도 없었습니다. 여진족도 부락 단위로 흩어져 살았고, 일본도 지역별로 쪼개져 있던 시기였지요. 조선 사람들이 자기 나라가 크다고 생각했던 것이 틀린 게 아닙니다. 게다가 인구도 꽤 많은 나라였으니까요. 실제로 조선 전기에 사신으로 왔던 일본 사람들은 조선을 큰 나라라 여겼습니다. 우리나라가 작은 나라라는 생각은 일제 강점기를 거치며 고착된 것입니다.

이런 걸 굳이 따지고 드는 것은 당시 사람들의 세계관을 이해하기 위해서입니다. 당시 사람들이 세계를 어떻게 인식했는지를 알아야 그 세계에서 어떠한 전략을 짰는지를 알 수 있기 때문입니다. 우리나라가 작은 나라라고 생각할 때의 국방 및 외교 전략이 달라지고 큰 나라라고 생각할 때의 국방 및 외교 전략이 달라집니다. 주변의 나라를 어떻게 인식했느냐 역시 마찬가지입니다. 제대로 인식하면 무모한 짓을 하지 않을 것이고, 잘못 인식하면 무모한 전쟁을 벌일 가능성이 생깁니다.

조선의 국방과 외교 전략은 이러한 세계관에 기반합니다.

'중국은 큰 나라지만 우리나라도 작은 나라는 아니다.'

그렇기에 조선은 다른 나라가 함부로 얕볼 수 없는 전력을 갖추되 무모하게 중국과 전쟁할 생각도 하지 않았습니다. 중국과는 안정된 외교 관계를 갖추어 유지해 나감으로써 나라의 번영과 백성의 안정을 꾀했습니다.

"상대방을 정확히 알고 그에 맞는 대비책을 찾아"

이런 걸 잘 보여 주는 일화가 태종 때 있습니다. 15세기 초 명에서 베트남을 침공해 점령한 적이 있었습니다. 조선에서는 이 소식을 예의 주시하면서 긴장했지요. 그 먼 베트남을 침공했다면 조선이라고 쳐들어오지 말라는 법이 없으니까요. 그때 태종은 이런 말을 했습니다.

"중국 황제는 전공을 세우는 것보다 대접받는 것을 좋아하니 우리가 조금이라도 사대의 예를 잃는다면 황제는 반드시 군사를 일으켜 죄를 물을 것이다. 한편으로는 지성으로 사대하고 한편으로는 성을 튼튼히 하고 군량을 저축하는 것이 오늘날의 급무라고 생각한다."

　외교적으로 필요한 비위를 맞춰 주고 만일의 사태를 대비한 방어 대책을 수립하면 된다는 이야기였지요. 상대방에 대한 정확한 인식, 그에 바탕한 전략적 준비가 안정된 국제 관계 형성의 바탕이었습니다. 그리고 이는 이후 문화적 업적을 일궈 나간 바탕이 되었습니다.

　전쟁의 승리는 종종 과대평가되는 경향이 있습니다. 그러나 일단 전쟁이 일어난 순간 모두가 크고 작은 피해를 입는다는 점에서 완전한 승자는 없습니다. 진정한 승리는 평화의 유지라는 점을 조선 사람들은 잘 알고 있었습니다.

18

'무데뽀'는
임진왜란 때
나온 말이라고?

조선에서는 왜구 문제를 안정시키고 일본인들이 와서 교역할 수 있는 포구, 정기적인 교역의 양과 방식을 정했습니다. 이제 오랜 골칫거리였던 일본 문제가 어느 정도 해결이 된 듯했습니다. 그러다 16세기부터 다시 분위기가 바뀌어 여러 차례 왜변이 발생했고, 결국 1592년 임진왜란이 일어나기에 이르렀습니다. 임진왜란은 왜 일어났을까요?

16세기에는 전 세계가 무역의 이익을 찾아 들썩이고 있었습니다. 새로 아메리카 대륙에 진출한 유럽은 은을 채굴해 유럽으로 들여왔습니다. 유럽은 이 은을 동방의 진귀한 물품을 사 오는 데 사용했지요. 마침 이 무렵 중국 명나라에서 은으로 세금을 거두는 일조편법이 실시되면서 은에 대한 수요가 무척 높아졌습니다. 또 일본에서도 은이 대량으로 채굴되면서 중국과의 교역에 사용이 되었습니다. 한때 일본에서 채굴된 은은 중국으로 유입되는 은 유통량의 절반을 차지할 정도였지요. 일본에서 은 채굴이 이렇게 급증했던 것은 조선에서 개발한 '연은 분리법' 덕분이라고 해요. 연은 분리법은 녹는점 차이를 이용해 납과 은을 분리하는 방법으로, 이걸 개발한 사람은 양인 김감불과 노비 김검동이었다고 합니다.

이 무렵 유럽에서 온 상인과 선교사 중 일부가 동남아시아를 거쳐 일본에 도착했습니다. 이들을 통해 일본이 도입한 것이 바로 조총입니다. 조총은 전국 시대 일본 내전의 양상을 좌지우지한 놀라운 무기로, 철포 즉 일본어로 뎃뽀라고 불렸습니다. 무데뽀로

덤빈다는 말은 뎃뽀, 즉 조총도 없이 덤빈다는 말로, 무모하다는 의미입니다. 오다 노부나가는 조총으로 무장한 부대를 이끌고 일본 통일의 문턱에 이르렀고, 그 후계자 도요토미 히데요시는 완전한 통일을 이루었습니다. 일본의 통일에 힘입은 도요토미 히데요시는 이제 조선과 명으로 눈을 향하게 되었습니다.

일본은 그 이전부터 무역의 이익을 확대하기 위해 조선과 명을 압박하고 있었습니다. 이 때문에 조선에서는 16세기에 크고 작은 왜변이 여러 차례 발생했고, 명에서는 왜구 문제로 골머리를 썩었습니다. 이 시기 명은 '북로남왜' 즉 북쪽의 오랑캐와 남쪽의 왜구라는 변경 문제가 심각해 이를 방비하는 데 재정이 많이 소요되었습니다. 조선 역시 성장하고 있던 여진족 때문에 일본에만 신경을 쓸 수 없는 상황이었지요. 조선과 명에서는 통제가 어려운 상황이 올까 염려하여 교역을 확대해 달라는 일본의 요구를 들어주지 않았습니다.

"일본의 침략 야욕이 조선에 이미 알려져 있었어"

일본을 통일한 도요토미 히데요시는 큰 야욕을 드러냈습니다. 통일에 공을 세운 다이묘(바쿠후 장군 아래 속해 있는 영주)들에게 줄 보상도 필요한 데다 왜구를 통제해 직접 해상 활동을 관리하고 싶어 했습니다. 이를 바탕으로 조선은 물론 명까지 점령해 본인 스스로 황제가 되겠다는 야욕을 품고 있었지요. 이러한 야욕은 임진왜란이 발생하기 몇 년 전부터 알려져 있었습니다. 조선에 사절을 보내 통신사를 요청해서는 같이 명을 치자는 둥 오만불손한 국서를 보내기도 했으니까요.

당시 일본을 다녀온 통신사 황윤길과 김성일이 장래 일본이 쳐들어온다는 것에 대해 의견이 갈렸다는 점은 잘 알려진 이야기입니다. 황윤길은 일본이 곧 반드시 쳐들어올 것이라고 했던 것에 비해 김성일은 그러지 않을 것이라 했다는 거지요. 이러한 이야기가 알려지자 사람들 역시 분분하게 의견이 갈렸습니다. 황윤길은 서인이고 김성일은 동인이어서 자기 당파 사람 이야기를 무조건 편드는 사람도 있었습니다.

두 사람의 의견이 갈렸다고는 하지만 일본이 쳐들어올 것이라는 소문은 이미 파다한 상황이었고 얼마 안 가 더욱 명명백백해졌습니다. 조선에서는 전쟁을 대비해 장수들을 지방에 파견하고 성곽을 수리하는 한편으로 명에 이 문제를 잘 해명해야 했습니다. 일본이 조선과 한편이 되어 쳐들어올 거라는 이야기가 명에 전해져 명에서는 조선을 의심의 눈초리로 보고 있었거든요. 조선을 의심하는 명의 관료는 조선 사신을 죽여야 한다는 과격론까지 펼치기도 했을 정도였습니다. 조선은 일본이 쳐들어오는 것은 조선과 전혀 관계가 없다는 점을 잘 납득시켜야 했지요.

이렇게 전쟁의 기운이 무르익은 1592년 4월, 고니시 유키나가가 이끄는 2만여 명의 일본군 선발대가 부산진을 공격해 왔습니다. 조선 전국이 전쟁에 휩쓸리고 명까지 참전해 벌어진 동아시아 전쟁, 이것이 7년간 이어진 임진왜란과 정유재란의 시작이었습니다. 엄청난 이익을 거둘 수 있었던 무역의 시대에 이를 독점하고 싶었던 도요토미 히데요시의 과대망상과 야욕이 이 전쟁의 직접적인 원인이었습니다.

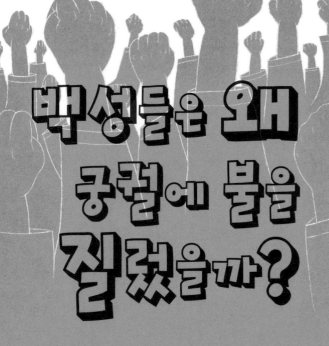

19

백성들은 왜
궁궐에 불을
질렀을까?

4월 13일 부산진에 상륙한 일본군은 큰 전투 없이 한양으로 진군을 계속했습니다. 일본군의 빠른 기세에 조정에서는 한양을 떠나 북쪽으로 피난하기로 결정했습니다. 전쟁이 발발한 지 보름 만의 일이었습니다. 조선은 왜 이렇게 일방적으로 밀렸을까요?

임진왜란 초기, 조선이 무력한 모습을 보인 것은 조선에서 준비한 방어 체제가 무너져 버렸기 때문입니다. 당시 조선에서 갖춘 지방 방어 체제는 '제승방략 체제'라고 합니다. 이는 소규모 진을 설치해 두고 전란이 나면 거점 도시로 집결해서 중앙에서 파견한 장수를 기다렸다가 작전을 펼치는 것이었습니다. 군대의 규모를 키워서 좀 더 효과적으로 대비하고자 한 것이지요. 이러한 체제를 만든 것은 16세기 몇 차례 발생한 왜변 때문이었습니다. 이전의 소규모 진 단위의 방어 체계인 진관 체제로는 한계가 있었거든요.

그런데 전쟁 초기 이렇게 병력을 집결하는 사이 적군은 너무 빨리 진군해 오고 중앙에서 장수는 생각만큼 빨리 내려오지 않자, 모였던 병력이 모두 도망을 가 버렸습니다. 조선의 군사력은 전문 군인이 아니라 일반 농민이 기반이었던 데다 200년 동안 큰 전란이 없어 전쟁 경험도 부족했기 때문이었지요. 그래서 초반에 손쓸 새도 없이 일본군에 무너져 버린 것입니다.

그러다 충주 탄금대에서 조선의 관군과 일본군 사이에 제대로 된 전투가 벌어졌습니다. 이 전투를 지휘한 신립 장군은 이전에 여진족과의 전투 등에서 성과를 많이 거두어 명망이 높았습니다. 그러나 기대와는 달리 신립 장군이 이끄는 조선군은 불행히도 대패하고 말았지요. 당시 조선군은 여진족에 대비해 기병 위주의 정예병을 운영하고 있었습니다. 신립은 이를 고려해 탄금대에 배수진을 치고 일본군을 맞이했습니다. 하지만 지대가 단단하지 않아 기병 활동이 여의치 않았고 일본군의 조총 공격에 큰 충격을 받았습니다.

신립 장군의 패배가 전해지자 결국 조정은 '파천'하기로 결정을 내립니다. 서울을 떠나 도망간다는 뜻입니다. 임진강을 건너 개성으로 가는 길은 비가 억수로 쏟아져 앞뒤 분간도 힘든 상황이었지요. 선조의 행차가 도성을 떠난 뒤 분노한 백성들은 노비 문적을 보관해 둔 장례원과 형조에 불을 지르고 궁궐에도 불을 질렀습니다. 그 바람에 궁궐에 보관해 온 수많은 서적과 귀중품 등이 사라져 버렸지요. 결국 선조는 개성, 평양을 거쳐 의주까지 가게 되었습니다.

조정의 분위기는 참담했지만 다행히도 바다에서 반가운 소식이 들려오기 시작했습니다. 이순신 장군이 승첩을 거두고 있다는 소식이었습니다. 7월에는 일본 수군을 상대로 대승을 거두었습니다. 바로 임진왜란의 3대 대첩 중 하나로 꼽히는 한산도 대첩입니다. 이순신 장군은 한산도 부근의 지형을 바탕으로 판옥선과 거북선을 앞세워 학익진 전술을 펼쳤습니다. 거기에 일본 수군에 비해 우세한 화포를 앞세워 일본 배를 공격해 큰 승리를 거두었습니다. 한산도 대첩에서 조선 수군은 단 1척의 전함도 파괴되지 않았지만 일본 수군은 73척의 전함 중에 66척이 침몰하거나 불탔습니다. 대단한 성과지요?

"뛰어난 배와 화포로 바다에서는 연전연승"

조선 수군이 이렇게 활약할 수 있었던 것은 대포 같은 화약 무기에서 앞섰다는 점과 배가 크고 단단했던 점을 들 수 있습니다. 비록 개인 화기인 조총은 없었지만 고려 말 이래 꾸준히 개발해 온 대포 무기는 이때 큰 빛을 발했습니다. 판옥선과 거북선은 두꺼운 목재로 만들고 배가 커서 대포를 많이 장착할 수 있었습니다. 보통 판옥선에는 대포 24문, 거북선에는 최고 20문까지 설치할 수 있었다고 합니다. 하지만 일본 수군의 배는 병력을 실어 나르는 게 주 목적이라 작고 가벼워서 속도는 빠르지만 대포를 많이 설치할 수 없었지요.

조선 수군의 대표격인 거북선 역시 조선 초기부터 만들어 온 것이었습니다. 적군이 배에 올라서 습격하는 것을 막기 위해 상판 일부에 철과 철 송곳을 사용해 만들어졌는데, 맨 앞으로 나아가 적의 대열을 흐트리는 역할을 했습니다. 거북선이 기동 돌격대 역할을 맡았다면 조선 수군의 주력은 2중으로 된 판옥을 만들어서 적군이 기어오르는 것을 막은 판옥선이었습니다.

조선 수군의 활약 덕에 전라도 곡창 지대를 지킬 수 있었고, 더 크게는 황해도와 평안도 지역으로 가는 일본군의 바닷길을 막을 수 있었습니다. 이는 조선이 전세를 역전시킬 수 있었던 중요한 계기였습니다.

수군과 함께 전국 각지에서 의병도 일어섰습니다. 휴정(서산 대사)과 유정(사명당) 같은 승군도 일어났지요. 의병은 관군과 연합 작전을 펼쳐 1592년의 진주성 전투에서 큰 승리를 거두기도 했습니다. 또 전란 중에 급히 세자로 책봉된 광해군은 각지를 다니며 민심을 수습하고 병력을 모으는 역할을 했습니다. 마침 1593년 1월, 명의 장군 이여송이 이끄는 5만여 명의 지원군이 조선에 들어와 평양성에서 큰 승리를 거두면서 일본군의 기세를 꺾었습니다.

이 무렵 조선군은 권율 장군을 중심으로 행주산성에서 일본군과 큰 전투를 벌여 승리를 거두었습니다. 바로 행주대첩이지요. 이후 일본군은 기세가 꺾여 강화 회담을 서둘렀습니다. 평양성의 승첩으로 자만했다가 벽제관에서 대패를 한 명군도 더 이상 큰 전투를 벌이지 않고 강화 회담에 나섰습니다. 그러나 지지부진하게 이어지던 협상은 양쪽의 차이를 좁히지 못하고 결국 결렬되었습니다. 그리고 다시 시작된 전쟁이 정유재란(1597년)입니다.

20

임진왜란으로 혜택을 본 나라는?

조선은 1592년의 임진왜란 때보다 1597년의 정유재란 때 더 막대한 피해를 입었습니다. 임진왜란 때에는 일본이 조선을 통치할 꿈을 꾸고 있었던 터라 무자비한 약탈 등을 금지했지만, 그런 꿈이 불가능해지자 정유재란 때에는 조선을 노략질하는 데 집중했기 때문입니다. 그러면 누가 전쟁의 혜택을 누렸을까요?

명군과 일본군의 강화 협상이 결렬된 것은 양국의 입장 차이가 너무 컸기 때문입니다. 도요토미 히데요시는 조선 남쪽의 4도를 내놓고 조선의 왕자와 대신을 인질로 보내는 한편 명 황제의 딸을 시집보내라는 등의 무리한 요구를 했습니다.

이에 비해 명에서는 도요토미를 일본 왕으로 봉해 주고 조공을 허락한다는 조건을 내걸었습니다. 전통적인 책봉-조공 관계 정도만 맺어 주겠다는 것이었어요. 그러니 양자의 입장이 좁혀질 수가 없었습니다.

정유재란이 일어나기 전까지 조선과 일본은 손을 놓고만 있지는 않았습니다. 일본군은 완전히 철수하지 않고 경상도 해안 일대에 머물면서 성을 쌓고 기회를 엿보았습니다. 지금도 경상도 해안 일대에 일본군이 쌓은 왜성이 남아 있지요. 한양으로 돌아온 조선 정부는 전문 군인을 양성하기 위한 훈련도감을 설치하고, 무기를 개발하거나 무너진 성곽을 새로 쌓았습니다.

그 덕분에 정유재란이 일어났을 때 조선은 이전처럼 일방적으로 밀리진 않았습니다. 강화 회담을 하는 사이 대비를 한 덕분이었습니다. 육지에서는 일본군이 경상도를 벗어나지 못하게 최대한 막고, 한때 전주를 거쳐 한양까지 올라갔던 일본군도 퇴각시켰습니다. 거꾸로 바다에서는 연전연패를 했지요. 이순신 장군이 모함에 빠져 지금의 해군 참모 총장 격인 삼도 수군통제사 자리에서 쫓겨났기 때문입니다. 원균이 삼도 수군통제사를 맡은 칠천량 전투에서 조선 수군은 궤멸의 위기에 빠지고 말았습니다.

이후 삼도 수군통제사로 복귀한 이순신 장군은 13척의 배만 남은 조선 수군을 이끌고 전투에 나섰습니다. 이순신 장군은 이 배들로 그 10배에 달하는 130여 척의 일본 수군을 물리쳤는데 그 전투가 바로 명량 대첩입니다. 울돌목의 거센 조류를 활용한 큰 승리였지요.

이후 1년여 정도 더 이어지던 전쟁은 1598년 8월, 도요토미 히데요시의 사망으로 종결이 됩니다. 철수령을 받고 돌아가던 일본군에 마지막으로 큰 타격을 준 해전이 바로 노량 해전이었습니다. 적선 500여 척 중 400척이 넘게 부서졌고, 2만여 명의 일본군이 목숨을 잃었습니다. 하지만 아쉽게도 이 전투에서 이순신 장군도 일본군의 총탄에 맞아 사망했지요. 노량 해전을 끝으로 7년여에 걸친 전쟁은 막을 내렸습니다.

임진왜란의 여파는 엄청났습니다. 특히 전쟁터가 된 조선의 피해는 엄청났습니다. 전쟁 전 150만 결까지 꼽던 토지는 50여 만

결로 감소했고, 인구도 엄청나게 줄었습니다. 명 역시 조선에 군대를 보내면서 재정적인 부담이 커졌습니다. 안 그래도 이전부터 몽골과 북방 지역에서 전쟁을 치르느라 재정적으로 상당한 부담을 안고 있던 상황에서 더욱 부담이 증폭된 것이지요. 이를 메꾸려고 경제적으로 부유한 강남 지역에서 세금을 더 많이 걷자 민란이 발생하게 됩니다.

그에 비해 일본은 자국이 전쟁터가 아니었기에 피해는 제한적이었습니다. 오히려 조선에서 끌고 간 사람들과 서적, 문물들은 이후 정권을 잡은 도쿠가와 시대가 번영하는 바탕이 됩니다.

"도자 기술은 몇 나라만 가진 최첨단 기술이었어"

특히 이때 조선의 도공들이 끌려가서 일본에 도자 기술이 전해졌다는 점은 주목할 만합니다. 일본의 조선 도공들은 도자기의 재료가 되는 고령토를 일본 땅에서 찾고 일본 자기가 기술적으로 한 단계 도약할 수 있는 기반을 만들었습니다. 대표적인 인물이 아리타 도자기의 시조로 꼽히는 이삼평입니다. 임진왜란 전까지는 중국과 조선, 그리고 베트남 정도에만 있던 최첨단 기술을 일본도 드디어 손에 넣게 된 것입니다. 그 덕분에 명이 망하고 청이 들어서는 혼란기 때 중국의 도자기 수출이 막히자, 일본 도자기가 중국 도자기 대신 유럽 사회에 진출할 수 있었지요.

한편 명, 조선, 일본 삼국이 전란으로 정신이 없을 때 조용히 세력을 키우며 성장한 무리가 있었습니다. 바로 누르하치가 이끄는 여진족입니다. 한반도 북부와 만주에 걸쳐 살아가던 여진족(후일 만주족)은 명과 조선, 양쪽과 관계를 맺고 교역을 하며 지내 온 부족이었습니다. 이 무렵 누르하치는 여진 부락을 통합하면서 이 일대의 새로운 강자로 등장했습니다. 조선에 새로운 전쟁의 위협이 다가오고 있었습니다.

21

인조는 왜
남한산성으로
갔을까?

1637년 1월 30일 인조는 삼전도에서 청 태종 홍타이지에게 세 번 절하며 아홉 번 머리를 조아리는 항복의 예를 행했습니다. 청 군대에 사로잡혀 있던 조선인 포로들은 예를 마치고 궁으로 돌아가는 인조를 바라보며, "임금이시여, 우리를 버리고 어디로 가십니까?"라며 울부짖었습니다. 조선은 왜 이런 비극을 맞이했던 것일까요?

1616년 누르하치는 후금을 건국한 뒤 명에 대한 공격을 전개했습니다. 요동 지역의 요충지가 함락되자 명은 조선에 원병을 요청했습니다. 광해군은 원병 파병을 주저했으나 신하들은 임진왜란 때 명의 도움을 기론하며 파병을 강력히 주장했고, 결국 군대를 보냈습니다. 그러나 명군의 무리하고 효과적이지 못한 전술 때문에 명-조선 연합군은 후금에 대패하고 말았습니다.

얼마 후 조선에서 정치적으로 큰 변화가 발생합니다. 바로 1623년 두 번째 반정인 인조반정이 일어난 것입니다. 광해군의 무리한 토목 공사, 계모인 인목 대비를 유폐하고 이복동생인 영창 대군을 죽인 것을 비롯해 후금에 대한 미온적인 대처 등을 문제 삼으며 일어난 반정이었습니다.

반정 후 아직 정국이 안정되지 않은 와중에 후금이 조선에 쳐들어오는 사건이 발생합니다. 바로 1627년의 정묘호란입니다. 정묘호란의 발생에는 몇 가지 원인이 있었습니다. 조선에서는 인조반정 이듬해인 1624년에 반정 때 공을 세운 이괄이 논공행상(공적을 따져 적절한 상을 주는 일)에 불만을 품고 난을 일으키는 바람에 그가 지키고 있던 평안도 지역의 방비가 약화되었습니다. 또 후금에서 1626년 누르하치가 죽고 이전부터 조선 침략을 주장해 왔던 홍타이지가 즉위합니다. 여기에다 이 무렵 후금에 기근이 들었는데 명과 교역이 막혀 위기에 빠진 점, 압록강 하구의 섬에 주둔하던 명의 장군 모문룡이 후금의 눈엣가시였다는 점 등이 원인이었습니다.

정묘호란이 발생하자 조선 정부는 강화도로 파천했습니다. 후금은 황해도까지 순식간에 남하했지만 모문룡의 제거에는 실패했습니다. 조선군도 곧 반격에 나섰기 때문에 전쟁이 장기화될 가능성이 컸습니다. 결국 후금은 명군이 후방을 공격할 것을 염려해 조선과 형제의 맹약을 맺고 일단 물러났습니다.

이후 후금은 계속 성장해 몽골을 포섭하고 드디어 1636년 3월 청을 건국했습니다. 그 뒤 조선에게 자신을 황제로 인정하라고 촉구했습니다. 그러나 조선에서 이를 인정하지 않자 결국 그해 겨울 병자호란을 일으켰습니다.

병자호란은 역대 전쟁 가운데 가장 참담하게 무너진 전쟁이었습니다. 조선의 전략은 청군이 내려오는 길목의 산성을 방어하고, 정부는 정묘호란 때처럼 강화도로 들어가서 장기전에 대비하는 것이었습니다. 그러는 사이에 남부 지역에서 군사를 이끌고 올라와 남한산성을 거점으로 싸우는 것이었지요.

문제는 청군이 길목의 산성을 전혀 공격하지 않고 한양까지 빠르게 진격하는 바람에 왕이 강화도에 들어갈 타이밍을 놓쳤다는 것입니다. 세자빈을 비롯한 왕실 가족 일부와 이들을 수행한 관료들은 전날 강화도로 들어갔지만, 인조는 강화도로 들어가려다 청군이 너무 가까이 왔다는 소식에 발길을 돌려 남한산성으로 들어갔습니다. 그러나 이후 벌어진 몇 차례의 전투에서 모두 패배하고, 강화도마저 청군에게 함락이 되자 더 이상 버틸 수 없게 되었습니다. 결국 1월 30일 인조는 성에서 나와 삼전도에서 홍타이지에게 항복했습니다. 홍타이지는 제후국 조선의 항복을 받아 황제의 자리에 오르는 의례를 드디어 완성한 것이었습니다. 청 건국 때부터 조선에게 요구하며 집착했던 황제의 예였지요. 7년 후 (1644년) 홍타이지는 군대를 이끌고 이자성의 난으로 무너진 명의 수도 북경으로 진격했습니다. 이렇게 명은 망하고 새로운 중원의 패자 청이 등장했습니다.

"기간은 짧았지만 가장 큰 충격을 준 전쟁"

　　후금 건국부터 근 30년 만에 여진족이 몰고 온 북방의 파란은 이렇게 종결되었습니다. 조선은 병자호란으로 물적·정신적으로 큰 피해를 입었습니다. 당시 상당히 많은 조선인들이 포로로

잡혀갔습니다. 포로들을 데려오기 위해서 송환비를 마련해야 했는데, 그 값이 너무 올라 백성들이 고통받았습니다. 정신적 충격도 만만치 않았습니다. 200년 동안 건재했던 명이, 임진왜란 때 원병을 보내 주어 망할 뻔했던 이 나라를 구제했던 명이 망하고 그 자리에 이전까지 오랑캐로 취급하던 여진족의 나라가 들어섰습니다. 심지어 국왕은 이 오랑캐 왕 앞에 나아가 머리를 조아리기까지 했지요. 전란에 제대로 대처하지 못한 통치자에 대한 불만과 비판 의식도 생겼습니다. 전쟁의 기간은 짧았지만 그 충격은 결코 작지 않았습니다.

22

윤리 도덕을
조선만이
지킬 수 있다고?

임진왜란은 물적 피해는 컸어도 승리한 전쟁이었지만 병자호란은 모든 면에서 패배한 전쟁이었습니다. 국왕이 오랑캐 왕에게 직접 나아가 머리를 조아리기까지 했다는 치욕 감과 200년 동안 문명의 모범으로 여기던 명이 망했다는 충격을 조선은 어떻게 극복 했을까요?

『박씨전』이라는 고전 소설을 읽어 본 적 있나요? 금강산에서 도술을 닦던 박 처사의 딸 박씨는 아버지 간의 친분으로 이시백과 혼인했습니다. 그런데 첫날밤 이시백은 부인이 너무 못생긴 것에 실망해 소박 아닌 소박을 놓았고, 이후 박씨 부인은 다른 식구들로부터도 외면받는 외로운 생활을 했습니다. 이런 생활 속에서도 시아버지가 입을 관복을 하루아침에 만들고, 볼품없는 말을 싸게 사다 잘 길러 중국 사신에게 높은 값으로 파는 등 비범한 능력을 보입니다. 그 능력의 절정은 신비한 연적을 주어 남편 이시백을 장원 급제를 시킨 것이었지요. 시집온 지 3년이 되던 해 액운이 다한 박씨 부인은 드디어 추녀의 허물을 벗고 절세미인으로 변신합니다.

여기까지가 이야기의 전반부라면 후반부는 병자호란 때 박씨 부인의 활약상입니다. 박씨 부인은 오랑캐 왕(청의 국왕)이 보낸 첩자를 쫓아 버리고, 남편을 통해 전쟁에 대비해야 한다고 조정에 건의하지만 받아들여지지 않습니다. 결국 조선의 국왕은 남한산성으로 피난한 끝에 항복을 하고 말지요. 그 와중에 박씨 부인은 피난처를 마련해 부녀자들을 피신시키고, 여기로 쳐들어온 용흘대를 죽이고 그 동생 용골대도 물리칩니다. 용골대는 인질을 데리고 퇴각하다가 의주에서 임경업 장군에게 크게 패했고, 이후 조선의 왕은 박씨 부인의 탁월한 능력을 인정해 충렬 부인에 봉했습니다.

여성이 주인공으로 도술을 펼쳐 시원시원하게 적을 물리치는 이 소설에는 병자호란의 아픔이 짙게 드리워 있습니다. '미리 전쟁에 잘 대비했으면 어땠을까?', '부녀자들의 피해를 어떻게 막을 수 없었을까?', '도술로라도 적을 시원하게 해치우는 영웅이 있었으면 어땠을까?' 하는 마음들이지요. 이 소설 외에도 실존 인물인 임경업을 주인공으로 하는 『임경업전』도 있었던 걸 보면, 병자호란이 조선인의 마음에 남긴 상흔을 짐작할 만합니다.

인조의 뒤를 이어 즉위한 효종은 인조의 둘째 아들이었습니다. 병자호란 후 형인 소현 세자와 함께 청의 심양에 볼모로 잡혀가 8년을 있다가 돌아왔는데, 귀국 후 소현 세자가 갑작스럽게 죽자 인조의 뒤를 이어 왕위에 올랐습니다.

효종은 청이 준 수치를 씻어야 한다고 생각했습니다. 그래서 생각했던 것이 북벌 계획이었습니다. 무장 이완을 훈련대장으로 임명해 군사력을 키우고, 군제를 개편하고 군사 훈련을 강화했습니다. 제주로 표류해 온 네덜란드인 하멜에게 서양식 무기를 제조하게 했고, 한강 변에서 1만 3천 명의 병사가 펼치는 대대적인 관병식을 거행하기도 했습니다.

"민생의 안정 없이
북벌은 불가능해"

그렇지만 효종의 북벌 계획은 한계가 분명했습니다. 일단 민생이 안정되어 있지 못했을 뿐만 아니라, 공납의 폐단이 극에 달했기 때문입니다. 민생이 안정되지 못한 상황에서 급료를 줘야 하는 군인 수를 무작정 늘릴 수도 없었지요. 더구나 북벌 계획 자체가 구체적이지 않았습니다. 조선의 병력만으로 넓은 중원을 차지한 청을 공격한다는 것은 불가능한 일인데, 이 계획을 추진하는 이들은 '우리가 공격을 하면 명을 추종하는 중원의 사람들이 이에 호응해 의병을 일으킬 것'이라는 막연한 기대만 하고 있었거든요.

당시 집권한 사대부 대부분은 무모한 북벌 계획에 반대하고, 일단 민생을 안정시켜 내실을 다지자고 주장했습니다. 내실을 먼저 다지고 그 후에 이를 바탕으로 밖으로 떨쳐 나가자는 논리였지요. 게다가 이제 명은 망했고 오랑캐인 청은 사람의 도리를 모르니, 세상의 윤리 도덕을 지킬 수 있는 나라는 조선밖에 없다고 생각했습니다.

북벌 계획은 효종의 죽음과 함께 사실상 유야무야되었습니다. 18세기 박지원은 『허생전』에서 허생의 입을 빌려 효종 때 이완 대장을 소환해 이렇게 꾸짖었습니다.

"너희들은 명나라를 위해서 원수를 갚고자 하면서 그까짓 상투 하나를 잘라 청에 들어가 간첩질할 생각도 못하고, 그 넓은 소매를 고쳐 부지런히 무예를 배울 생각도 못하면서, 이게 예법이니 안 된다고만 한단 말이냐!"

　오랑캐인 청을 인정할 수 없으며 조선만이 무너진 이 세상의 윤리 도덕을 세워 나갈 수 있다는 생각은 조선 후기 내내 조선 사람들을 사로잡았습니다. 18세기 조선이 어느 정도 전란의 상처를 잊고 청이 전성기를 구가하면서 이젠 청을 배우자는 이야기가 나올 때도 조선이 유일한 윤리 도덕을 가진 곳이라는 생각은 사라지지 않았습니다.

　윤리 도덕에 대한 조선 사람들의 고집은 무너진 세계 질서에 대한 저항이기도 했고, 자존심이기도 했습니다. 그러나 한편으로는 청에 대한 미움 때문에 망해 버린 명이 이상화되면서 윤리 도덕의 기준이 너무 경직되기도 했습니다. 이 때문에 하루가 다르게 변화해 가던 세계에 대한 적응이 늦어지고 말았습니다.

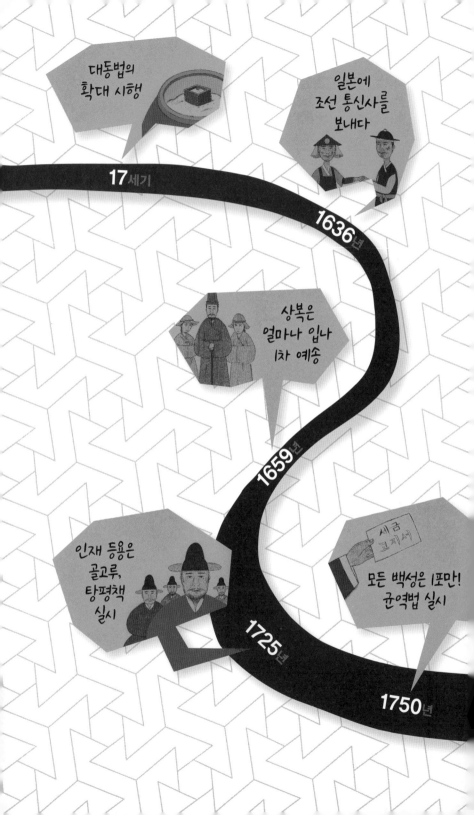

5장

나라를
정비하다

23

왜 일본과
서둘러 관계를
회복했을까?

조선은 1607년 일본에 사신을 보내 정식 외교 관계를 수립했습니다. 1636년부터는 일본에 조선 통신사를 보내기 시작했고요. 임진왜란의 피해가 엄청났던 것에 비하면 비교적 이른 시기에 외교 관계를 정상화한 것입니다. 조선은 왜 일본과 서둘러 관계를 회복했을까요?

 조선이 일본과 빠르게 국교를 정상화한 이유는 일단 도쿠가와 바쿠후가 도요토미 세력을 물리치고 정권을 잡은 만큼 전쟁의 직접적인 당사자는 아니었다는 점과, 북쪽에서 후금이 성장하고 있었기 때문에 남쪽의 일본과 긴장 관계를 유지할 수 없었던 조선의 사정이 맞물렸기 때문입니다. 통신사를 처음 보낸 해가 바로 병자호란이 일어난 해라는 점이 의미심장합니다. 이후 1811년까지 대략 10년에 한 번 정도 국가의 경사나 바쿠후에 새로운 쇼군이 들어서면 축하 사절 겸해서 조선 통신사를 보냈습니다.

그럼 일본의 사절도 조선의 한양까지 왔을까요? 그렇진 않습니다. 조선 전기에는 일본 사절이 한양까지 오곤 했는데, 이것이 임진왜란 때 길을 알려 주는 꼴이 되었다며 이를 금지했습니다. 다만 부산 등지에 왜관을 설치해 교역을 이어 갔습니다. 청과 일본이 아직 국교를 맺기 전인 17세기에는 조선이 양국을 중계하며 상당한 무역의 이익을 챙길 수 있었습니다.

병자호란을 겪은 후 조선은 한동안 청에게 감시당하는 처지였습니다. 성곽을 보수하거나 무기를 제작하면 안 되었어요. 이를 감시하겠다고 청에서는 불시에 사절을 보내 살벌한 분위기를 조성하곤 했습니다. 그러나 청이 중원을 차지하고 정세가 안정되면서 감시는 완화되었고, 조선에서는 1년에 세 차례 청에 사신을 파견했습니다. 이는 조선 전기 명과 교류했던 것과 비슷한 수준이었습니다. 그러나 조선인들은 마음속으로 청을 명과 동등하다고 인정하지 않았어요. 조선 전기에 명에 사대한 것은 명이 크고 강한 나라였기 때문이기도 하지만 훌륭한 문명을 지녔다고 보았기 때문이었습니다. 명이야말로 진정한 천자국이라고 생각했던 것이지요. 명에 사신으로 다녀온 사람들은 기행문 이름을 '조천록', 즉 천자의 나라에 조회를 하고 온 기록이라는 제목을 붙이곤 했습니다.

"사신의 왕래는 문화 교류의 장"

그렇지만 청에 대해서는 내심 천자라고 인정하지 않았습니다. 원래도 야만적이라고 생각했던 오랑캐 출신이었는데, 힘으로 굴복을 당한 상황이니 이들이 문명을 제대로 알 리 없다고 본 것이지요. 그래서 청에 사신으로 다녀온 사람들은 '연행록'이라는 제목으로 기록을 남겼습니다. '연행, 즉 연경(북경)에 다녀온 기록'이란 뜻입니다.

18세기에는 조선은 물론 청과 일본이 모두 경제적으로 번영하며 전성기를 구가했습니다. 특히 청과 일본의 경제적 번영은 눈부셨지요. 이전까지 청이나 일본을 무시하는 마음이 가득했던 조선 관료 중에서도 사신으로 갔을 때 이들의 번영에 깊은 인상을 받아 새로운 문물을 배워야 한다는 이야기를 하는 자가 있었습니다. 청의 문물을 배우자는 논의가 바로 북학, 북쪽을 배우자는 운동입니다. 중국에서 많이 사용하는 수레나 벽돌 등을 조선에서도 활용하자고 주장하는가 하면, 청에서 활동하던 서양 선교사들이 편찬하거나 번역한 책, 서양식 세계 지도들을 수입해 왔습니다. 나라에서도 청에서 편찬한 백과사전을 들여오기도 했고요. 이런 책들과 지도 등은 세상의 변화를 알려 주는 창구였습니다.

일본에 간 통신사도 수차나 일본 배 모형, 일본 지도 같은 문물을 들여왔습니다. 이 가운데에는 지금 우리 식생활의 한 자리를 차지하는 고구마가 있습니다. 아메리카 대륙이 원산지인 고구마는 구황 작물, 즉 기근을 넘길 수 있는 대체 작물로 주목받았습니다. 고구마를 길러 보려고 노력한 사람이 여럿 있었는데, 그 가운데 1763년 일본에 통신사로 갔던 조엄은 고구마 재배에 성공했습니다. 사신의 왕래는 문화 교류의 중요한 한 축이었습니다.

24

실학의 반대는
성리학일까?

우리는 조선 후기 사상 중의 일부를 '실학'이라고 부르고 공리공담을 일컫는 성리학과 대비되는 사상이라고 배웁니다. 이때 거론되는 실학과 실학자는 유형원, 이익, 정약용으로 이어지는 중농학파나 박지원, 홍대용, 박제가 등의 북학파(중상학파) 등을 꼽습니다. 그렇다면 이들은 성리학자가 아닌 걸까요?

 실학의 반대말은 무엇일까요? 혹시 성리학이라고 답했다면 틀렸습니다. 실학(實學)의 반대말은 허학(虛學)입니다. 실학은 실질적인 것이 담긴 학문이라는 뜻이고, 허학은 비어 있는 학문이라는 뜻이지요. 실학은 세상과 사람을 위해 쓸모 있는 것을 담고 있는 학문이고, 허학은 공리공담이나 쓸모없는 얘기만 하고 있는 학문이라는 것입니다.

　　고려 말 조선 초 성리학자들은 자신들이야말로 실학을 하고 있다고 주장했습니다. 여기에 대비되는 허학은 사회적으로 여러 병폐를 빚던 불교였습니다. 조선 전기에는 문장학에 대비해 유학 경전의 참뜻을 익혀 인륜을 밝히는 경학을 실학이라고 부르기도 했습니다. 화려한 문장이나 짓는 것이 더 나은 세상을 만드는 데 도움이 되지 못한다고 생각했기 때문입니다. 그래서 과거 시험에서도 경전을 외는 강경 항목이 중시되었습니다.

　　조선 후기를 살아간 사람들도 실학이라는 용어를 사용하곤 했습니다. 이때 실학은 참된 성리학의 정신으로 돌아가는 것을 의미했습니다. 이 시기에는 붕당 간 대립이 심화되면서 진정한 의미도 모른 채 논쟁을 위한 논쟁을 벌이는 이들이 있었습니다. 어떤 이들은 과거 시험에만 매달려서 책만 달달 외우고, 부잣집 도련님들은 부귀영화에만 도취되어 정작 자신을 수양하고 좋은 세상을 만드는 데에는 아무런 관심이 없었습니다. 어떤 이는 이름 있는 조상 자랑에만 파묻혀 있기도 했고요. 이런 문화를 허학이라 보며 성리학 본연의 정신으로 돌아가 참된 앎과 강력한 실천을 행하는 것이야말로 실학이라고 주장한 것입니다.

"실학자들도 성리학적 세계관을 가졌어"

이처럼 실학이라는 용어는 시대별로 사용된 의미가 다릅니다. 조선 후기의 개혁론 등을 '실학'이라고 구분하기 시작한 것은 조선이 망하고 근대에 접어들어서입니다. 근대를 살아간 조선인은 나라가 망한 원인을 분석하고, 계승했다면 좋았을 전통을 찾으려고 했습니다. 그래서 민족의식을 드러내거나 사회 개혁, 근대적이라고 할 만한 농업, 과학 기술, 상업 등에 대한 저술을 높이 평가했습니다. 그 속에서 새롭게 의미가 부여된 것이 바로 지금 우리가 역사책에서 배우는 실학자들과 그들의 저술입니다.

유형원, 이익, 정약용 등 중농학파의 저술은 당대 토지 소유 문제에 대한 문제의식을 보여 준다는 점에서 의미가 있습니다. 토지 소유가 일부에게 집중되어 부익부 빈익빈이 심화되고 있던 상황을 해결해 보려는 개혁안이었지요. 정약용의 방대한 저술은 국가 체제를 재구성하고 그 해결책을 찾아보려고 했다는 점에서 의미가 있습니다. 박지원, 홍대용, 박제가 등의 북학파는 전성기를 구가하는 청나라를 보고 와서 새로운 시대에 대한 전망을 내놓았다는 점에서 큰 의미가 있습니다. 청을 오랑캐로 무시할 것이 아니라 이제는 배워야 한다는 주장을 해서 기존의 완고한 사고를 깨려 했다는 의미가 있었지요.

그렇지만 이들 모두는 성리학자로서 성리학적인 세계관 안에서 개혁 방안을 구상했습니다. 이 점을 이해해야 이 시대를 온전히 이해할 수 있습니다. 조선 후기에 다양한 개혁안이 나왔다는 점은 이 시대를 이해하는 데 매우 중요한 부분입니다. 그렇지만 그 개혁안에서 일부만을 주목하는 것은 이 시대를 오해하게 할 수도 있습니다.

우리는 거짓 정보를 가지고 서술한 것만이 아니라 있는 사실을 잘못 취사선택하는 것 또한 잘못된 역사 서술이 될 수 있다는 점을 명심해야 합니다. 이는 비단 역사 서술만의 문제가 아닙니다. 신문 기사에서도, SNS에서도, 여러 미디어의 정보에서도 마찬가지라는 점을 잊어서는 안 될 것입니다.

25

공물을 쌀로
내는 게
왜 개혁일까?

지역 특산물을 현물로 내는 것이 원칙이던 공물은 가면 갈수록 큰 문젯거리가 되었습니다. 자기 지역에서 나지 않는 품목인 경우도 있었고, 기껏 현물을 마련하여 내려고 해도 권력가가 이를 막고서는 별도로 세금을 거두는 방납이 관행이 되어 버렸기 때문입니다. 조선에서는 어떻게 이 문제를 해결했을까요?

 성종 때 경연에서 한 관리가 이런 이야기를 했습니다.

"여러 고을에서 무기를 쓰고 함정을 놓아 기껏 호랑이와 표범을 잡으면 관찰사가 그 가죽을 사사로이 사용해 버리고서 나라에 바쳐야 하는 공물은 면포로 별도로 거두어들입니다. 가죽 한 장 값이 면포 30필까지 되니 백성들이 너무 고통받습니다. 이렇게 방납하는 업자는 서울의 상인 아니면 재상이니, 이 폐단이 실로 작지 않습니다."

이 관리가 이야기한 것처럼 직접 호랑이를 잡아도 백성들이 공물값으로 내야 하는 세금은 전혀 줄지 않았습니다. 더구나 임진왜란 전후 방납의 폐해가 극에 달했을 때는 원래 가격의 10배, 100배의 가격을 지불해야 했습니다. 그에 비해 국고로 들어오는 건 이 가운데 10분의 2나 3밖에 되지 않았습니다. 이를 개혁하지 않으면 나라도, 백성도 편안히 살아갈 수 없었습니다.

권력과 결탁한 방납인의 문제뿐만 아니라 조선의 재정 제도 역시 문제가 있었습니다. 원래 재정 지출의 대부분은 전세에 근거하고 있었습니다. 세종 때를 거치며 전분 6등과 연분 9등의 차등을 두어 전세를 거두어들였지요. 그러나 실제로는 거의 대부분의 토지가 하등전에 하하년(흉년)으로 고정되면서 전세는 1결당 4두만 내는 것으로 고정되었습니다. 이는 전체 소출 중에 40분의 1 또는 50분의 1에 불과했습니다. 백성들이 세금을 적게 내고도 국가가 운영되면 좋겠지만 이 정도 전세만으로는 운영이 어려웠습니다.

그러다 보니 모자란 부분을 채우기 위해 공납과 잡역이 늘어나게 되었습니다. 그래서 17세기에는 공납과 잡역이 가벼운 경우도 20두였고 무거운 경우는 70, 80두에 이른다는 비판이 있을 정도였습니다. 적게는 전세의 5배, 많게는 20배에 달하니 얼마나 부담이 과했겠습니까. 더구나 공납과 잡역은 토지가 아닌 호(가구)를 단위로 해서 토지가 많은 부유층의 부담은 상대적으로 줄어든 반면 토지도 없는 사람들도 이들과 똑같은 부담을 져야 하는 상황이 되어 버렸습니다.

사실 공물을 대신 납부하는 방납이 굴러간다는 것은 상품 유통이 이루어진다는 것을 의미합니다. 지방 장시나 서울의 시장에서 공물로 낼 수 있는 현물을 구매할 수 있어서 가능한 일이었지요. 그래서 16세기부터 공물을 쌀로 받는 것으로 제도를 바꾸자는 이야기가 나오다 임진왜란 후 본격적으로 공물을 쌀로 일원화하는 대동법이 시행되기 시작했습니다. 첫 시험지는 경기 지역이었습니다. 경기 지역은 서울에 가까워서 공물 부담도 많았던 데다 그 효과를 알아보기 쉬웠기 때문이지요. 경기 지역의 시행에서 거둔 성과를 바탕으로 17세기에는 강원도, 충청도와 전라도, 함경도, 경상도까지 확대되었습니다. 물론 이 과정은 녹록지 않았고 특히 충청도와 전라도 지역에 실시할 때에는 큰 반대에 부딪히기도 했습니다.

대동법이 확산되는 데 오래 걸렸던 것은 이전에 방납을 통해 이익을 얻고 있었던 사람들의 저항과 대토지 소유자들의 반대가 컸기 때문입니다. 그 사람들 입장에서는 내지 않던 세금을 갑자기 1결 당 12두씩을 더 내야 하는 상황이었으니까요.

"대동법의 시행으로 상공업이 발달했어"

하지만 재정적인 측면에서 대동법은 큰 의미가 있었습니다. 공납제는 고정되지 않은 양을 비정기적으로 거두는 방식이었습니다. 쉽게 얘기하자면 그때그때 필요한 대로 거뒀다는 것입니다. 그러나 대동법에서는 정해진 기준에 따라 일정한 양을 정기적으로 거두는 방식으로 변화했습니다. 이는 근대식 재정 제도로 한 걸음 나아간 것으로 평가됩니다. 그런 의미에서 대동법은 전란으로 위기에 빠졌던 조선 정부가 다시 유지될 수 있게 한 의미 있는 개혁이었습니다.

한편 대동법은 경제적인 측면에서 새로운 변화를 만들어 냈습니다. 서울에 온 대동미로 필요한 현물을 구매하는 공인이 등장한 것입니다. 이들을 통해 상품의 유통이 활발해지면서 객주, 여각 같은 여관업, 중개업, 금융업을 하는 상인과 주문을 바탕으로 생산하는 수공업자도 성장했습니다. 이들이 큰손이 되어 움직이면서 쌀이 모이는 경강(지금의 한강) 주변에 상업이 발달하고 서울이 더욱 번화하게 되었습니다.

대동법의 '대동'은 온 세상이 번영해서 화평하게 된다는 뜻을, 대동법 실시를 주관하고 대동미를 관리했던 관청인 '선혜청'은 널리 은혜를 베푼다는 뜻을 담고 있습니다. 19세기 국가 재정이 문란해지면서 그 취지가 무색해졌지만, 1894년 갑오개혁으로 폐지되기 전까지 대동법은 조선 후기 200년을 지탱한 세금 제도였습니다.

26

갓난아이에게도
세금을 거뒀다고?

백골징포, 황구첨정, 족징 혹은 인징, 이런 말을 들어 본 적 있나요? 백골징포는 이미 죽은 사람에게 포를 거둔다는 뜻이고, 황구첨정은 갓난아이도 군정에 포함시킨다는 뜻이며, 족징 혹은 인징은 친족이나 이웃에게 포를 거둔다는 뜻입니다. 이런 말들은 왜 생겨난 것일까요?

원래 조선의 양인은 의무적으로 군역을 부담해 기병이나 보병으로 근무하거나 이를 보조하는 역할을 해야 했습니다. 그러나 15세기 말부터는 다른 사람에게 면포로 일정한 대가를 지불하고 자신의 역을 대신 지게 하는 '대립'을 하곤 했습니다. 나중에는 아예 국가에서 대립가를 징수하는 방식으로 변했지요.

전란 후 맞이하게 된 17세기에는 여러모로 나라와 백성이 힘들었습니다. 전란의 여파는 아직 회복되지 않았는데, 날씨가 좋지 않아 기근이 자주 들었습니다. 여기에 군영을 창설하다 보니 필요한 군비는 느는데, 양반들은 합법적으로 군역을 면제받았지요. 양인만 군역을 지다 보니 아예 양역이라는 말로 굳어질 정도였습니다. 그러다 보니 부족한 군포를 양인에게 거둬들여야 했지요. 원래 16~60세의 남성만 장부에 올려야 하는데 이미 죽은 사람도, 갓난아이도 군적에 올려 과도하게 포를 거둬들였습니다. 이걸 못 견디고 당사자가 도망이라도 치면 친족이나 이웃에게서라도 억지로 받아 갔습니다. 군역의 개혁이 시급한 상황이었습니다.

이에 영조는 양역을 균등하게 하는 '균역'을 목표로 일종의 여론 조사를 실시했습니다. 궁궐 문 앞에서 양인과 양반을 모아 균역의 방법을 물은 것이었습니다. 처음 나온 방안은 여러 가지였습니다. 양반에게서도 모두 포를 걷자는 의견도 있었고, 포 대신 동전을 걷자는 의견도 있었습니다. 또 일률적으로 호 단위로, 혹은 사람 단위로 내자는 의견도 있었고요.

이러한 논의 과정 끝에 우선 양역의 대가로 내던 포를 2필에서 1필로 줄였습니다. 이로 인해 부족해지는 재정은 다른 방법으로 보충했습니다. 먼저 바다에서 생산하는 것에 대해 거두던 어염선세를 중앙 정부에서 확보했습니다. 이전에는 어염선세를 왕실이나 지방의 큰 관청 등에서 독점해서 과도하게 걷는 경향이 있었습니다. 이러한 어염선세를 중앙 정부에서 거두면서 백성의 세금 부담은 줄이고, 정부의 재정은 확충한 것입니다.

또 부유한 양인의 경우엔 선무군관을 뽑는 시험을 치르게 해서 통과하면 군관으로, 통과하지 못하면 선무군관포라는 세금을 물게 했습니다. 시험에 떨어져도 양인이라는 점엔 변화가 없었고 부유한 양인에게 선무군관포는 그다지 부담이 되지 않았습니다. 시험에 붙으면 합법적으로 군관직을 얻을 수도 있었으니 부유한 양인은 손해볼 것이 없었지요.

"세금 제도의 개혁은 백성들의 삶이 나아지는 바탕"

이렇게 해도 부족한 부분은 토지를 기준으로 돈으로 1결당 5 전을 거두는 결전 항목을 설정했습니다. 그다지 부담되지 않는 액 수였습니다. 이렇게 양역을 줄이고 보완할 수 있는 세제로 어염선 세, 선무군관포, 결전까지 거두는 것을 균역법, 즉 '역을 공평하게 하는 법'이라고 합니다.

균역법 실시를 위해 설치한 균역청은 곧 대동미를 거두던 선 혜청에 통합되었습니다. 이로써 국가의 재정을 통합 관리하는 거 대한 관청이 들어서게 된 것입니다. 대동법과 균역법으로 들어온 세금 수입을 선혜청에서 관리하면서 국가 재정을 좀 더 통합적으 로 운영할 수 있게 되었습니다.

17, 18세기의 대동법, 균역법 등의 세금 제도 개혁은 전란 후 백성들의 삶을 개선하고 나라의 재정을 확충하는 중요한 바탕이 되었습니다. 또 상품 유통을 활발하게 해서 상업을 발달시키는 한 편, 정치와 경제, 문화가 모두 서울로 집중되는 경향을 가속화시 켰습니다.

27

상복 입는
기간 때문에
당파가 갈렸다고?

17세기 현종 때 서인과 남인의 붕당이 크게 부딪친 사건이 있었습니다. 온 조정이 들썩인 두 차례의 예에 대한 논란, 즉 '예송'입니다. 이때 논란이 된 예는 바로 상복을 입는 기간이었습니다. 도대체 상복 입는 기간이 왜 중요했던 것일까요?

 효종이 죽고 현종이 즉위했을 때 왕실에는 인조(효종의 아버지)의 왕비인 자의 대비 조씨가 있었습니다. 효종의 계모였지요. 두 차례의 예송은 바로 이 계모인 자의 대비 조씨가 둘째 아들이자 국왕인 효종과 효종의 비가 죽었을 때 얼마 동안 상복을 입어야 하느냐는 문제를 두고 벌어진 것이었습니다.

성리학에서는 맏아들이 가문의 정통성을 계승하기 때문에 둘째 아들과 다르게 대우해야 한다고 보았습니다. 이런 관점에서 서인은 효종이 둘째 아들이기 때문에 자의 대비는 상복을 1년 동안 입어야 한다고 보았습니다. 반면 남인은 효종이 왕의 자리에 올랐기 때문에 순서와 상관없이 맏아들 같은 계승자로 보아서 자의 대비는 상복을 3년 동안 입어야 한다고 보았습니다.

지금 우리 눈으로 봤을 때 잘 이해가 되지 않는 논쟁입니다. 맏아들이냐 둘째 아들이냐를 따져 상복 입는 기간을 달리하는 것도, 그걸 두고 온 조정이 논쟁한다는 것도 말입니다. 서인과 남인이 이렇게 의견이 갈렸던 것은 국왕의 위상에 대한 생각의 차이가 있었기 때문입니다. 서인은 천하의 모든 사람이 같은 예를 적용받아야 한다고 생각했습니다. 그래서 효종이 국왕이라 할지라도 둘째 아들인 것은 맞으니 상복을 짧게 입어야 한다고 보았습니다. 그러나 남인은 국왕의 위상을 특별하게 보았기 때문에 국왕인 효종을 일반 사람들처럼 둘째 아들로 취급해서는 안 된다고 본 것입니다. 효종의 비가 죽었을 때도 똑같은 논쟁이 벌어졌지요.

이런 논쟁 끝에 자의 대비는 효종이 죽었을 때는 서인의 주장대로 상복을 짧게 입었고, 효종의 비가 죽었을 때는 남인의 주장대로 상복을 길게 입었습니다.

이러한 학문적 입장의 차이는 당시 정치 상황에서 미묘하게 번질 가능성이 컸습니다. 바로 둘째 아들로 왕위에 오른 효종의 정통성 문제로 비화될 수 있었던 것입니다. 더구나 형인 소현 세자가 죽은 것에 대해 뒷얘기가 무성했기 때문에 더욱 그럴 소지가 컸습니다. 소현 세자는 인조에 의해 독살됐다는 소문이 돌 정도로 갑작스럽게 죽은 데다 그 아들이 버젓이 원손으로 있는데도 인조는 효종을 후계자로 삼았습니다. 이런 배경에서 볼 때 효종이 둘째 아들이라는 점을 중시한 서인의 입장은 효종의 왕위 정통성을 부정하는 것으로도 읽힐 수 있었지요.

그런 점에서 예송은 통치의 중핵이 되는 왕위의 정통성과 왕권의 성격을 어떻게 볼 것인지에 대한 질문을 담고 있는 논쟁이었습니다. 또한 국왕을 일반 사대부와 다른 특별한 존재로 볼 것인지 아니면 동등하게 볼 것인지 등의 질문도 내포하고 있었습니다.

이처럼 두 차례의 예송을 거치며 양 붕당의 입장 차이가 분명해진 속에서 숙종이 즉위했습니다. 숙종 때에는 서인과 남인의 대립이 심해집니다. 숙종 초반에는 두 번째 예송에서 승리한 남인이 정국을 이끌었습니다. 그러나 남인에게 권력이 지나치게 집중되자 1680년 남인이 숙청되고 서인이 집권하게 되었습니다(경신환국). 그 과정에서 서인은 남인과 외척에 대한 대처를 놓고 노론과 소론으로 다시 갈라졌습니다.

"인현 왕후와 장 희빈도 붕당과 운명을 같이했어"

이렇게 정계에서 한쪽 붕당이 완전히 숙청되고 다른 붕당이 집권하는 일은 이전에는 없던 일이었습니다. 정국을 급작스럽게 바꿨다 해서 이를 '환국'이라고 부르는데, 숙종 때부터 경종을 거쳐 영조 초반에 이르기까지 몇 차례 환국이 더 발생했습니다. 숙종의 비인 인현 왕후와 희빈 장씨의 이야기는 바로 이 환국과 관련이 깊습니다. 인현 왕후는 서인, 희빈 장씨는 남인의 지원을 받고 있었거든요. 인현 왕후가 폐위되어 쫓겨난 것이 1689년의 기사환국, 다시 복위하고 희빈 장씨가 왕후 자리에서 쫓겨난 것이 1694년의 갑술환국이었습니다. 이때마다 정권은 서인에서 남인으로, 남인에서 다시 서인으로 바뀌었습니다.

숙종 때의 환국은 국왕이 주도한 것으로 그 후유증이 적지 않았습니다. 정권을 잡으면 상대에 대한 처벌과 숙청이 점점 가혹해지고 심지어는 상대 붕당이 옹호한 왕을 왕으로 인정하지 않는 일까지 벌어졌습니다. 영조는 그 소용돌이의 한복판에서 어렵사리 즉위하며, 이를 해결해야 왕위가 안정된다는 점을 뼈저리게 깨닫게 되었습니다.

조선의 붕당 선조 때 동인과 서인의 붕당이 형성된 후, 선조 후반에 서인에 대한 태도를 놓고 동인이 온건파인 남인과 강경파인 북인으로 갈라섰다. 이 가운데 임진왜란 직후 정국을 주도한 것은 북인으로, 북인 중에서도 광해군을 지지했던 대북파가 정권을 잡았다. 그러나 인조반정으로 북인은 다시는 재기하지 못했다. 인조반정은 서인이 주도하고 남인이 공조한 것으로, 이후 숙종 때까지 이 두 붕당이 엎치락뒤치락하며 조선의 정치를 이끌어 갔다.

28

영조와 정조의 탕평책, 어떻게 달랐을까?

서인에서 갈라진 소론과 노론은 숙종의 후계자로 각각 다른 사람을 지지했습니다. 이 때문에 숙종 사후 경종을 거쳐 영조가 즉위하기까지 붕당 간의 대립이 지나쳐서 대신들이 죽음을 당할 정도였습니다. 힘들게 왕위에 오른 영조는 격화된 붕당 간의 대립을 어떻게 조정해 나갔을까요?

 숙종에게는 아들이 둘 있었습니다. 희빈 장씨와의 사이에서 낳은 경종과 숙빈 최씨와의 사이에서 낳은 영조입니다. 소론은 경종을, 노론은 영조를 지원하던 상황에서 숙종이 죽고 세자인 경종이 즉위했습니다. 그러나 경종은 몸이 약해서 후사를 바라기 어려운 상황이었지요. 이에 노론의 지지를 바탕으로 영조가 왕세제로 책봉되었고, 경종이 죽자 왕위에 올랐습니다. 그러나 이 과정은 매끄럽지 못했습니다. 노론과 소론의 대신들이 죽는 옥사가 번갈아 발생했고, 영조가 게장을 올려 아픈 경종을 독살했다는 소문이 파다하게 돌았습니다. 심지어는 영조 대 초반에 소론 강경파의 젊은 층이 주도한 반란이 일어나기도 했습니다(이인좌의 난).

이러한 과정을 겪은 영조는 붕당 타파를 목표로 정하고 이를 위해 주요 관직에 노론과 소론을 고루 등용해야겠다고 생각했습니다. 이것이 바로 '탕평책'입니다. 탕평은 경전에 나오는 '왕도탕탕 왕도평평'에서 따온 말로, 항상 치우침 없이 공평무사한 것이 군주의 도리라는 뜻입니다. 이러한 방침에 따라 영조 때에는 노론을 이조 판서에 임명하면, 그 밑의 관직인 이조 참판은 소론을 임명하는 방식으로 균형 있게 양 붕당을 등용했습니다.

영조는 성균관에 탕평비를 세우며 적극적으로 탕평을 추진했지만, 관료들 사이에 골은 이미 깊어질 대로 깊어진 터였습니다. 국왕의 탕평책에 부응하는 것은 아첨하는 행태라고 비난하는 분위기도 있어서 영조 대 탕평은 여기에 동의하는 각 당의 온건파를 중심으로 이루어졌습니다. 그러다 보니 '옳은 의견'을 끝까지 가리기보다는 대충 '절충한 의견'으로 마무리되는 경우가 많아서 불만이 높아지기도 했고요. 또 탕평을 한다고는 했어도 여전히 소론보다는 노론이 중심이었기에 소론 측에서는 만족하기 힘들었습니다. 소론은 소론대로 영조의 아들인 사도 세자에게 기대를 걸었고, 영조는 영조대로 자신이 해결하기 힘든 부분들을 아들이 해결해 주기를 기대했습니다. 이런 갈등과 주변의 지나친 기대로 사도 세자는 비뚤어졌고, 결국 뒤주에 갇혀 죽임을 당했습니다.

"정조는 자기를 보좌할 세력을 키워"

영조의 뒤를 이어 즉위한 손자 정조 역시 할아버지의 문제의식에 동의하고 있었습니다. 아홉 살의 나이에 아버지의 비극을 목도했고, 이후에도 신변의 위협을 느끼는 상황까지 겪으며 즉위했기 때문이었습니다. 정조는 영조 때처럼 온건파를 중심으로 하는 탕평의 한계를 잘 알고 있었습니다. 탕평의 한계와 더불어 영조가 말년에는 결국 외척과 인척 등에 의지했다는 점도 문제였습니다. 이에 정조는 노선을 바꾸어 각 붕당의 강경파를 등용하는 탕평책을 펼쳤습니다. 또한 자기를 지원해 줄 신진 세력을 키우고자 했습니다. 즉위 후 얼마 안 되어 설치한 규장각은 바로 그러한 신진 세력을 키우고 자신을 자문해 줄 기관이었습니다.

규장각은 원래 왕실에 전해 내려오던 역대 국왕의 글씨나 글 등을 보관하던 작은 전각이었습니다. 정조는 즉위하자마자 이를 확대해 홍문관이나 집현전에 비견할 만한 기구로 만들었습니다. 중국의 도서를 수입해 이곳에 보관하고 새로운 책을 많이 편찬했으며 이를 담당할 관원들을 배치했습니다. 이 가운데 젊은 관료는 초계문신이라 하며 특별히 우대하기도 했습니다. 또한 군영인 장용영을 설치해 도성을 수비하게 함으로써 왕권을 보위할 수 있게 했습니다. '문'과 '무', 양편에서 자신을 보좌할 기구를 마련한 것이지요.

이와 더불어 정조는 아버지 사도 세자의 무덤을 수원으로 옮기고, 그 인근에 신도시 화성을 건설했습니다. 원래 10년을 목표로 착공했던 화성은 채제공, 정약용 등의 활약으로 2년 만인 1796년에 완성되었습니다. 화성을 건설하는 과정을 기록한 『화성 성역 의궤』와 정조의 화성 행차를 담은 대형 병풍 등은 화성 건설의 과정과 그 멋진 모습을 잘 보여 줍니다. 화성은 이러한 기록과 현존 건축물의 가치를 인정받아 유네스코 세계 유산에 등재되었습니다.

사통팔달하는 교통로에 위치한 화성은 성곽, 둔전, 수리 시설 등을 갖추고 여기에 장용영 외영이 배치되면서 정조의 통치를 대표하는 장소가 되었습니다. 정조는 이곳에서 개혁 정치를 펼칠 포부를 갖고 있었으나, 1800년 갑자기 건강이 악화되어 사망하고 말았습니다. 아직 열한 살밖에 되지 않은 어린 순조가 즉위하자 영조의 비인 대왕대비 정순 왕후가 수렴청정했습니다. 탕평 정치는 국왕이 중심을 잡고 관료들을 조정해야 하는 만큼 국왕의 능력과 자질이 중요했으나, 어린 국왕이 즉위하자 이러한 탕평 정치는 더 이상 지속되기 힘들었습니다. 이렇게 탕평의 세기가 저물었습니다.

29

정약용이
500권 넘게
책을 쓸 수 있었던
이유는?

남인 가문의 정약용은 정조 대 탕평 정치에서 성장해 화성 건설에도 일익을 담당하며 활발하게 활동한 관료였습니다. 정약용은 1표 2서라고 꼽히는 『경세유표』, 『목민심서』, 『흠흠신서』를 비롯해 500권이 넘는 저술을 남긴 것으로도 유명합니다. 정약용의 책에는 어떤 이야기가 담겨 있을까요? 그리고 어떻게 이렇게 많은 책을 쓸 수 있었을까요?

 정약용은 나주 정씨 가문에서 태어났습니다. 이 가문은 8대에 걸쳐 홍문관 벼슬을 역임한 8대 옥당 집안으로 명망 있는 기호 남인이었습니다. 정약용의 아버지 정재원은 의령 남씨와의 첫 결혼에서 정약현을 낳았고, 그다음으로 해남 윤씨와 결혼에서 딸 하나와 정약전, 정약종, 정약용을 낳았습니다. 형제 이름이 많이 나와 헷갈리겠지만, 뒤에 다시 등장하니 잘 기억해 두세요.

어린 시절 정약용은 무척 지저분해서 머리에 서캐랑 이가 많았고, 부스럼이 잘 났는데도 씻기려고 하면 매번 도망다니는 아이였다고 합니다. 왠지 위인의 이미지에는 잘 안 맞지요? 그래도 어릴 때 정약용을 가르친 아버지는 일찌감치 그 영특함을 알아봤다고 합니다.

이십 대에 문과에 합격한 정약용은 정조가 설치한 규장각의 초계문신이 되었습니다. 탕평 정치를 추구한 정조 밑에서 20대와 30대를 보낸 정약용은 자신의 능력을 한껏 발휘할 수 있었습니다. 암행어사 생활도 했고, 정조가 아버지 사도 세자의 능에 행차

할 때는 배를 타지 않고 한강을 건널 수 있도록 배다리를 설치했습니다. 수원 화성을 건설할 때는 무거운 것을 들 수 있는 거중기 등을 설계했고요. 그러나 정조 대 후반부터 정약용의 삶에 어두운 그림자가 드리워집니다. 그것은 바로 천주교 신자에 대한 탄압 때문이었습니다.

남인 학자 이익의 제자 중에는 일찍부터 서학에 관심을 가진 이들이 있었습니다. 이들 중 일부는 서교라고 부르던 천주교를 믿기에 이르렀는데, 바로 정약용의 집안에 천주교 신자가 많았습니다. 큰형의 처남인 이벽과 누이의 남편인 이승훈이 대표적으로, 이승훈은 북경에 가서 처음으로 세례를 받은 조선인이었습니다. 바로 위 형인 정약종은 독실한 신자가 되었고 정약용도 한때 관심을 갖기도 했습니다.

"18년간의 유배 생활 덕분에 책을 쓸 수 있었어"

천주교 문제로 불안불안하던 정조 대를 지나 순조가 즉위하면서 대대적인 천주교 탄압이 시작되었습니다. 셋째 형인 정약종은 사형을 당했고, 정약용은 자신은 신자가 아니라고 주장했으나 둘째 형 정약전과 함께 결국 유배를 가게 되었습니다. 형은 흑산도로, 자신은 강진으로 말이지요. 이렇게 시작된 유배 생활은 18

년이 지나서야 가까스로 마감됩니다. 다행이 유배지인 강진이 외가(해남 윤씨)와 가까워서 책도 많이 접하고 제자도 꾸릴 수 있었지요. 이 덕분에 18년의 유배 생활 동안 정약용은 많은 저술을 남길 수 있었습니다.

정약용의 저술은 굉장히 넓은 분야를 망라했습니다. 지방관의 할 일을 정리한 『목민심서』에서부터 사법 제도에 대한 개혁안을 담은 『흠흠신서』, 홍역에 대해 연구한 『마과회통』, 우리나라 역사와 지리를 고증한 『아방강역고』까지 저술한 책의 스펙트럼이 엄청 넓었지요. 행정 기구 개편을 비롯한 국가 제도에 대해 논한 『경세유표』 같은 경우엔 국정 전반에 대한 안목을 보여 줍니다. 특히 정약용은 부익부 빈익빈을 지양하고, 농사를 짓는 자가 토지를 소유할 수 있게 하는 토지 개혁에 관심이 많았습니다. 이는 농업을 중시한 남인계 학자들의 경향과 같은 선상에 있는 것이었습니다.

형인 정약전도 흑산도 유배 생활을 통해 매우 흥미로운 저술을 남겼습니다. 바로 흑산도의 해양 생물을 관찰해 저술한 『자산어보』입니다.

정약용의 삶은 18세기 탕평 정치의 밝음과 그늘, 그리고 이어진 19세기 세도 정치의 어두운 모습을 보여 줍니다. 남인계 집안 출신이었으나 탕평 정치를 펼치는 군주를 만난 덕분에 20대와 30대에 활발히 활동할 수 있었습니다. 하지만 정조의 죽음과 함께 집안의 천주교 신앙에 대한 반대파의 공격으로 몰락했고 다시는 관직에 나가지 못했습니다. 탕평 정치의 이상이 정조의 죽음과 함께 순식간에 무너진 것은 왕의 능력에 의존한 탕평 정치 자체의 한계 때문이기도 했습니다.

6장

새로운 시대를
요구하다

30

탕평이
실패하고
세도 정치가
들어선 이유는?

세도 정치는 국왕의 외척을 비롯한 소수 가문이 정권을 독점해 정치를 좌지우지하는 운영 형태를 말합니다. 순조의 어머니인 반남 박씨, 아내인 안동 김씨, 아들 효명 세자의 아내인 풍양 조씨가 19세기 세도 정치기를 장악한 대표적인 가문입니다. 이런 세도 정치는 어떻게 시작되었을까요?

 영조와 정조의 탕평 정국에서 권력은 국왕과 가까운 외척에게 집중되었습니다. 탕평은 신하들을 등용하고 조정하는 국왕의 권한과 능력을 바탕으로 해서 그 결과 왕권이 강화되는 구조였기 때문에, 국왕에 동의하는 가까운 외척에게 권력이 집중되곤 했지요. 이에 대한 문제의식이 없었던 것은 아니지만 해결하지 못한 채 어린 국왕 순조가 즉위했습니다.

세도 정치 때도 국왕들이 이 문제를 해결해 보려고 하지 않은 것은 아닙니다. 순조도 성장한 뒤 시도를 했고, 대리청정을 하던 순조의 아들 효명 세자도 시도를 해 보았습니다. 그러나 효명 세자가 갑자기 죽는 바람에 효명 세자의 아들인 헌종이 여덟 살 어린 나이에 즉위하게 됩니다. 헌종도 자라 친정에 나서면서 국정을 주도하려고 시도했습니다. 그러나 다들 그다지 효과를 보지 못했습니다. 국왕을 뒷받침해 줄 참신한 세력을 구할 수 없었기에 결국은 자기 외척에 기댈 수밖에 없었기 때문입니다. 권력이 이 외척에서 저 외척으로 약간씩 이동하는 변화만 있었을 뿐이었습니다.

세도 가문은 비변사를 장악해 권력을 휘둘렀습니다. 조선 중기 상설화된 비변사는 위상이 강화되면서 의정부와 육조를 유명무실하게 만들었습니다. 중앙 정치뿐만 아니라 지방 말단 수령의 임명에도 영향력을 행사했습니다. 관찰사 같은 지방관을 지낸 인물에게 수령을 천거하게 하는 제도를 이용해서 말이지요. 더구나 18세기 이래 서울과 지방의 격차가 더욱 벌어지고 있었습니다. 정치, 경제, 문화 등 모든 것이 서울로 집중되었습니다. 말은 제주로 보내고 사람은 서울로 보내라는 말이 괜히 나온 것이 아닙니다.

"세도가의 비호를 받은 대상인, 독점으로 큰돈을 벌어"

소수 가문에 권력이 집중되고, 이들은 대대로 서울에 살면서 번영을 누려 왔습니다. 지방의 실정은 잘 알지 못했습니다. 이들은 18세기 이래 성장한 대상인에게 우호적인 정책을 폈고, 일부는 직접 상업에 투자하기도 했습니다. 서울로 몰려드는 세곡을 유통해 큰 이익을 거두던 경강상인, 인삼 거래를 독점하며 성장한 의주상인, 인삼 재배 및 홍삼 개발을 통해 이익을 거둔 개성상인 등이 대표적인 대상인이었습니다. 세도 정권에서는 상업에 대한 불간섭을 표방함으로써 결과적으로 대상인의 독점을 보장해 준 것이었습니다.

박지원의 『허생전』을 보면, 허생이 돈을 번 방법이 바로 이러한 독점이었습니다. 허생은 갑부 변씨에게서 빌린 돈으로 처음엔 과일을, 그다음엔 말총을 독점해 상품 가격을 올린 후에 큰돈을 벌었습니다. 이런 매점매석이 당대 유행한 방법이었던 것입니다.

1833년에는 이러한 독점 행위 때문에 서울에서 쌀 폭동이 일어나기도 했습니다. 전해에 전국적으로 흉년이 들었는데, 특히 서울과 가까운 경기 지역이 심했습니다. 이런 상황에서 경강 연변의 미곡(쌀) 상인들이 농간을 부리기 시작했고, 이들과 결탁한 서울의 싸전 상인도 이에 호응해 값을 올려 버렸습니다. 이들 때문에 2월 말에는 열흘 동안 한 섬의 곡식도 도성 안으로 들어오지 못했고, 3월 초에는 쌀값이 두 배로 올랐다가 한때는 아예 거래가 중지되기도 했습니다. 쌀은 한강 옆에 쌓여 있는데, 도성 안에서는 가격이 어마어마하게 오른 데다 그나마 쌀을 살 수도 없었습니다. 결국 서울 사람들은 싸전 상인과 경강 근처에 미곡을 쌓아 놓은 집들을 불태우는 폭동을 일으켰습니다. 이러한 사태까지 벌어졌는데도 정부의 처벌은 느슨했습니다. 이러한 비호 아래에서 대상인은 더욱 성장했고, 개별 밀무역이나 광산 채굴 등을 통해 이익을 얻던 중소 상인은 몰락했습니다.

한편 이 무렵에는 국가 재정도 점점 악화되었습니다. 조선 후기에는 여러 관청이 독자적인 재정 단위로 움직이며 토지를 확보하고 있었는데, 이 토지에 대해서는 세금을 면제해 주다 보니 중앙으로 들어오는 세금이 줄어들었습니다. 이러한 적자가 만성적으로 축적된 데다 이 시기엔 날씨마저 좋지 않아 기근과 전염병이 유행했습니다. 전반적으로 농업 생산력이 떨어지다 보니 들어올 세금이 더욱 줄어들었지요.

중앙 재정이 부족하니 지방 재정으로 사용하려고 지방에 두던 세곡까지 중앙으로 보내게 했습니다. 게다가 지방에 파견된 수령 중 상당수는 세도 가문에 뇌물을 바치고 된 경우가 많아서, 자기가 쓴 돈을 메꿀 필요가 있었지요. 이 때문에 지방 재정은 파탄 나고 수령들의 부정부패는 점점 극심해졌습니다. 이런 모든 것이 백성의 부담으로 돌아가는 바람에 백성들의 인내심은 한계에 이르렀습니다.

31

왜
서북 지역에서
홍경래의 난이
일어났을까?

1811년에는 평안도 지역에서 홍경래의 난이 일어났습니다. 1862년에는 삼남 지역 곳곳에서 민란이 일어났고요. 1894년 동학 농민 운동은 이 세기의 마지막을 장식한 큰 민란이었습니다. 19세기 조선에서 난이 끊임없이 일어난 이유는 무엇일까요?

 1811년 조선을 한 차례 크게 뒤흔든 반란이 일어났습니다. 서북 지역에서 일어난 '홍경래의 난'이었습니다. 서북 지역은 황해도, 평안도, 함경도를 일컫는 말입니다. 18, 19세기 이곳은 경제적, 문화적으로 상당히 성장하던 지역이었습니다. 상품 화폐 경제가 발달하면서 담배 같은 상업 작물을 재배하는 농민이나 부유한 상인이 성장했습니다. 그러면서도 뼈대 있는 양반층은 적었기 때문에 새로 성장한 사람들이 지역에서 권력을 갖기 쉬웠지요. 이들의 성장세는 상업에만 그치지 않았습니다. 18, 19세기 과거 시험에서 괄목할 만큼 많은 급제자를 배출하기도 했습니다. 이처럼 부유하고 성장하는 동네였기 때문에 '평안 감사도 제 싫으면 그만'이라는 속담이 돌기도 한 것입니다. '이렇게 좋은 동네의 감사 자리도 자기가 싫으면 안 하는 거지'라는 뜻이지요.

그런데 세도 정권이 대상인을 비호하면서 이 지역에서 성장하던 중소 상인들이 피해를 보게 되었습니다. 이렇게 피해를 본 중소 상인들, 지역에서 권력을 잡은 중간층 등이 세도 정권을 무너뜨리려고 일어난 것이 바로 홍경래의 난이었습니다. 서북민에

대한 차별을 철폐하라는 것이 대표적인 슬로건이었으나, 그것만이 목적은 아니었습니다.

한편 충청도, 전라도, 경상도를 이르는 삼남 지역은 과중한 세금 때문에 고통받고 있었습니다. 이를 '삼정 문란'이라고 합니다. 삼정이란 전세, 군역, 환곡의 세 가지 행정을 말합니다. 먼저 전정은 토지에 부과되는 세금입니다. 대동법, 균역법 등을 거치며 전세를 비롯한 많은 세목이 토지를 기준으로 부과되면서 토지세가 늘어났습니다. 19세기는 상품 유통 경제가 발달하면서 이 세금을 곡식이 아니라 화폐로 걷는 일이 늘어났는데, 이를 결가라고 해요. 문제는 이 과정에서 수령이나 아전이 농간을 부리는 일이 많았다는 것입니다. 결가는 상품이 매매되는 때의 가격으로 계산하기 때문에 조세를 거둘 때와 상납할 때의 시세 차이를 이용해서 차액을 챙겼습니다. 여기에 부족한 세금을 메꾸기 위해 토지에 일괄적으로 매긴 도결이라는 항목까지 생겼습니다. 처음엔 1결당 7, 8냥 정도여서 별로 큰 부담이 아니었는데, 점차 수령이 이를 사적으로 유용하는 일이 많아졌습니다. 그러다 손해를 보면 다시 백성에게 내라고 해서 20냥 이상 내는 일이 비일비재했습니다.

군정도 균역법으로 1필로 감해지긴 했으나, 군현 단위 총액제로 거두었기 때문에 실제 부담이 줄었다고 보기 어려웠습니다. 백골징포, 황구첨정, 족징 혹은 인징이 여전했으며 한 사람에게 두 번 걷는 일도 있었습니다.

마지막으로 환곡은 원래 세금이 아니라 기근을 무사히 넘길 수 있도록 나라에서 구휼해 주는 제도였습니다. 그런데 이 시기에는 환곡을 부족한 재정을 메꾸는 수단으로 활용했습니다. 정약용이 "나라 재정의 반은 부세에 의존하고 반은 환곡에 의존한다."라고 한탄할 정도로 말이지요. 이 과정에서 부정부패는 다반사였습니다. 주지도 않고 장부에는 줬다고 기록해서는 가을에 갚으라고 하는 것부터 겨나 모래를 섞어서 부피만 두 배로 줘 놓고 가을엔 제 곡식으로 고대로 갚으라고 하는 등 방법도 참으로 창의적이었습니다.

"성장하는 백성, 변하지 않는 정부"

세상은 급변하는데 낡은 조세 제도에 관리들의 부정부패와 비리까지 결합했습니다. 특히 나라 재정의 대부분을 차지한 삼남 지방이 심했지요. 1862년 전국 70여 군현에서 농민 항쟁이 시작됩니다. 특히 충청, 전라, 경상 등 삼남 지역을 휩쓸어서 삼남 민란이라고도 하고, 임술년에 일어났다고 해서 임술민란이라고도 합니다. 2월부터 시작해서 가을까지 곳곳에서 일어났는데, 집중 공격 대상은 수탈을 일삼던 수령이나 지방 아전이었습니다. 지역별로 다양한 개혁안을 요구했으나, 핵심은 삼정 문란을 시정하라는 것이었습니다. 처음엔 일부 수령만 처벌하면 되는 줄 알았던 정부에서는 사태의 심각성을 인식하고 삼정을 고치겠다며 삼정이정청을 설치해 개혁안을 내놓았습니다. 그러나 시행을 차일피일 미루더니 결국 본래 제도로 돌아가 버렸습니다. 정부에서는 여전히 미봉만 했던 것이지요. 수령이나 아전의 착취에 대한 반발은 1894년 동학 농민 운동이 봉기하는 직접적인 원인이기도 했으니, 이러한 문제가 30여 년 후까지도 제대로 해결되지 않았음을 알 수 있습니다.

이렇게 민란이 발발하는 과정을 보면 자신들의 생각이나 주장을 적극적으로 펼치는 백성이 성장했다는 점을 알 수 있습니다. 경제적으로 성장한 부유한 백성이나 지식인층이라 할 수 있는 지방 양반층 등이 민란을 주도하고, 가난한 이들이나 신분상 낮은 계층까지 참여했습니다. 이들은 더 이상 일방적으로 통치를 받기만 하는 대상이 아니었습니다.

32

성리학자들이
천주교에 주목한
이유는?

18, 19세기에는 우리나라에 새로운 종교가 들어오기도 하고 새로운 종교가 생기기도 했습니다. 또 이상한 예언서가 유행하기도 했지요. 이 당시 조선 사람들은 왜 낯선 종교를 받아들이거나 새로운 종교를 만들었을까요?

 17세기 중국 청나라에 사신으로 갔던 사람들은 그곳에서 활동하던 서양 선교사들을 접했습니다. 심양에 볼모로 잡혀 갔던 소현 세자도 북경에서 아담 샬이라는 선교사를 만난 적도 있었고요. 당시 사신으로 간 사람들은 서양 선교사들이 청나라에 가져온 자명종이나 천리경, 서양식 세계 지도를 조선에 가져오기도 했습니다. 이때 선교사들이 천주교에 대해 한문으로 저술한 책도 들여왔는데, 특히 남인 학자들이 여기에 관심을 많이 가지고 연구했습니다. 그러다 18세기에 들어서며 신앙으로 발전하게 되었고, 이승훈이 북경에서 영세를 받고 돌아와 이벽, 정약전 등과 신앙 공동체를 구성하면서 비로소 교회가 창설되었습니다. 일반적으로 천주교는 서양 선교사들이 직접 들어가 포교를 해서 전파되었습니다. 이렇게 자발적으로 그 나라 사람이 나가서 영세를 받고 와 교회를 만든 것은 유례가 없는 일이었지요.

신도끼리 미사를 보다 정식 신부를 요청해서 중국인 신부 주문모가 조선에 입국했는데, 제한적인 포교 활동에도 신자 수가 6년 사이에 두 배 이상 증가했다고 합니다. 그러나 1801년 신유박해는 초창기 조선 교회를 폐허로 만듭니다. 정약용이 오랜 세월 귀양 생활을 했던 것도 신유박해의 여파 때문이었지요. 이후 1866년 병인박해까지 19세기 내내 10여 회에 걸쳐 크고 작은 박해가 이어지며 1만여 명에 가까운 지도자와 교인이 죽었습니다. 지금 우리나라 천주교 교단에서 지정한 성지들은 대부분 19세기 박해로 많은 사람이 죽어 간 장소입니다. 그렇지만 적극적으로 천주교를 수용하려는 조선인들의 바람과 노력은 1830년대 독립된 조선 교구를 설정하는 계기가 되었습니다.

"새로운 시대에 대한 바람을 종교에서 찾아"

그런데 조선 사람들은 왜 이렇게 천주교를 받아들이고 싶어 했을까요? 초기 천주교 도입 때에는 대대로 성리학을 공부해 온 명문가가 주도적인 역할을 했습니다. 초기엔 남인 학자들이 중심이긴 했지만 나중에는 노론 명문가인 안동 김씨 가문에서도 나올 정도였습니다. 이들은 당대 사회를 개혁할 수 있는 가능성을 천주교에서 찾았습니다. 17세기 이후 국가와 사회의 개혁이 필요하다는 문제의식은 광범위하게 퍼져 있었습니다. 이때 천주교에 주목한 사람들이 있었던 것입니다.

이러한 학자 관료층만 천주교를 수용한 것은 아닙니다. 일반 양인이나 노비도, 여성도 중요한 역할을 했습니다. 천주교에서는 신 앞의 평등을 기조로 신분적 차별을 부정하고 여성도 남성과 다름없는 인격체라고 했던 덕분에 이들을 이끌어 낼 수 있었지요. 이러한 점은 당시 일반 백성들이 성장하던 것과 서로 부합했습니다. 이들은 새로운 종교인 천주교에서 새 시대에 대한 가능성을 보았던 것이지요.

한편 천주교의 영향을 받아 새로운 종교가 탄생하기도 했습니다. 경주 출신인 최제우가 어느 날 하느님의 계시를 받았다며 1860년에 창시한 종교로, 서학에 대응해 '동학'이라고 이름 붙였습니다. 동학에서도 하느님을 거론했지만, 최제우가 말하는 하느님은 천주교의 하느님과 달리 시천주를 주장했습니다. 이는 내 안에 하느님을 모시고 있다는 것으로, 모든 사람이 하느님이라는 것을 의미합니다. 그러니 인간은 모두 존엄하고 평등하고 각각 존중받아야 한다고 보았습니다. 최제우의 뒤를 이은 최시형은 '사람 대하기를 하늘처럼 하라(인내천 사상)'고 하며 동학의 교세를 더욱 확장시켰습니다. 동학에서는 평등을 강조하며 적자와 서자의 차별이나 양반과 상놈의 구별을 반대했습니다.

한편 『정감록』이라는 예언서가 대유행을 하기도 했습니다. 이씨의 시대가 끝나고 정 도령이 와서 계룡산에 도읍을 정한다든지, 변란이 일어나도 피할 수 있는 장소가 열 군데 있다든지 하는 내용의 조잡스러운 예언서였지만, 민간의 파급력은 엄청 컸습니다. 홍경래의 난도 『정감록』과 관련이 있었거든요.

　천주교, 동학, 『정감록』 등의 흐름은 다 제각각인 것 같지만 하나의 공통된 흐름을 보여 줍니다. 새로운 시대가 와야 한다는 바람, 그리고 새 시대에는 기존의 갖가지 차별은 사라져야 한다는 기원이지요. 이제 시대는 만민의 평등을 요구하고 있었던 것입니다. 민란에서, 서학에서, 동학에서 백성들의 성장은 분명해졌습니다. 시대는 새로운 이념과 틀을 요구하고 있었습니다.

33

흥선 대원군은
왜 경복궁을
다시 지었을까?

경복궁은 임진왜란 때 불에 탄 이후로 약 270년 동안 폐허로 남아 있었습니다. 창덕궁이나 창경궁 같은 궁궐을 복원하고 경희궁을 새로 지으면서도 경복궁은 빈터로 남겨 두었지요. 경복궁 터에 대한 불길한 이야기의 영향도 있었지만, 재정에 부담이 컸기 때문이었어요. 그런데 흥선 대원군은 왜 돈이 없는데도 경복궁을 다시 지은 것일까요?

 세도 정권, 특히 안동 김씨 가문에 의해 왕위에 오른 강화 도령 철종이 후사 없이 사망했습니다. 다시 종친 중에서 왕위를 계승할 인물을 찾아야 할 때 흥선군의 둘째 아들 명복(훗날 고종)이 주목을 받았습니다. 우리는 흔히 흥선 대원군이라고 하는데, '대원군'은 왕의 생부 자격으로 받은 칭호이고, 종친일 때의 봉호는 흥선군이었습니다.

고종이 즉위할 수 있던 데는 당시 왕실의 가장 큰 어른이었던 신정 왕후 조씨와 흥선 대원군 사이에 교감이 있었기 때문이었습니다. 신정 왕후는 효명 세자의 부인이자 헌종의 어머니였습니다. 신정 왕후의 가문인 풍양 조씨는 세도 정치기 유력 가문이긴 했지만, 철종 대에는 안동 김씨에게 밀려 있었지요. 안동 김씨를 견제하려는 점에서 신정 왕후와 흥선 대원군이 이해를 같이했던 것으로 보입니다.

흔히 많이 알려진 야사에서는 아들을 왕위에 올리기 전 흥선군은 안동 김씨의 견제를 피하기 위해 '상갓집 개'로 통할 만큼 일부러 난봉꾼으로 행세했다고 합니다. 그러나 이 이야기는 1930년

대 나온 김동인의 소설 『운현궁의 봄』에 나오는 이야기로 완전한 허구입니다. 당대 기록을 보면 흥선군은 당시 종친 중 대표자 급으로, 오히려 이 사람이야말로 모범적이니 다른 종친이 이 사람을 본받아야 한다는 얘기가 나올 만큼 평가가 좋은 사람이었습니다.

열두 살의 어린 나이로 고종이 즉위하자 의례적으로 신정 왕후가 수렴청정을 했습니다. 그러나 이 시기 실질적인 국정 운영은 흥선 대원군이 주도했습니다. 아예 고종이 머무는 창덕궁과 흥선 대원군의 집인 운현궁 사이에 대원군이 다니기 편한 통로가 만들어질 정도였습니다.

"흥선 대원군의 무리한 사업은 역풍을 불러왔어"

흥선 대원군은 1865년부터 경복궁 중건을 본격적으로 진행하는데, 이것은 국정 운영에 적극 개입하며 자기 사람을 쓰고 자기 정치를 하기 위해서였습니다. 경복궁 중건은 당시 재정 상태로는 매우 무리한 사업이었습니다. 그러나 왕실의 권위를 회복해 건국 초의 기상으로 돌아가겠다는 의지 아래 경복궁 중건을 몰아붙입니다. 경복궁 중건과 함께 그 앞에 의정부와 삼군부 건물을 다시 세우고, 비변사는 폐지했습니다.

부족한 재정을 확보하기 위해 흥선 대원군은 당백전을 주조

했는데, 이는 상평통보의 100배 가치에 해당하는 화폐였습니다. 그러나 실질 가치는 상평통보의 5, 6배밖에 안 되었기 때문에 물가가 폭등해 경제적으로 큰 혼란을 불러왔습니다. 무리한 중건과 해결되지 않는 민생의 도탄 등은 대원군에 대한 강한 비판을 불러왔습니다. 흥선 대원군이 강력하게 추진했던 서원 철폐 역시 많은 유학자들이 반감을 가지는 계기가 되기도 했고요.

1873년 고종은 드디어 친정을 선포했습니다. 흥미로운 건 친정을 시작하려던 시기에 고종이 경복궁 안에 건청궁이라는 새로운 공간을 만들었다는 점입니다. 아마도 아버지가 주도해 건설한 경복궁에 자신의 공간을 만들고 싶었던 게 아닌가 합니다. 그러나 여기서 불행히도 10여 년 후인 1895년 아내인 명성 왕후가 일본인에게 시해당하는 사건이 발생하지요(을미사변). 고종은 1896년 경복궁을 떠나 러시아 공사관으로 피난했고(아관파천), 그 이후로 다시는 경복궁으로 돌아오지 않았습니다.

경복궁은 흥선 대원군의 야심이 반영된 공간입니다. 지금 남아 있는 경복궁의 옛 건물은 모두 이 시기에 만들어진 것이지요. 흥선 대원군은 폐허가 된 지 270여 년 만에 경복궁을 중건함으로써 세도 정치의 그늘에서 벗어나 왕권을 강화하겠다는 강력한 의지와 실행력을 보여 주긴 했으나, 새로운 시대에 대한 안목을 보여 주지는 못했습니다. 그런 점에서 대원군의 경복궁은 한계가 분명한 공간이었습니다.

34

김정호에 관한 틀린 이야기가 전하는 이유는?

여러분은 김정호의 '대동여지도'에 대해 들어 본 적이 있을 거예요. 박물관에서 본 적도 있을 거고요. 그런데 김정호가 전국을 돌아다니며 직접 답사해서 대동여지도를 만들었지만 당시 집권자가 이를 받아들이지 않고 그 판목을 불태웠다는 잘못된 이야기가 전해집니다. 이런 이야기는 왜 생겼을까요?

 흥선 대원군과 같은 시기를 살아간 인물 중에는 지도 제작자 김정호도 있습니다. 그 유명한 '대동여지도'를 만든 이죠. 예전에 그가 '대동여지도'를 만든 과정에 대해 이런 이야기가 널리 알려져 있었습니다.

'김정호는 우리 지도가 부족하다는 것을 깨닫고는 정확한 지도를 만들고자 했다. 그래서 팔도의 산천을 돌아다니며 직접 답사를 하고 백두산에 일곱 번 오르는 등 수십 년 동안 조사한 끝에 '대동여지도'를 만들었다. 그러나 이 지도가 대원군에게 알려진 후 대원군은 적을 이롭게 할 것이라고 하며 대동여지도 판목을 불태우고 김정호와 그 딸을 감옥에 가두어 버렸다. 결국 김정호는 그 업적을 알아주는 이 없이 외롭게 죽어 갔다.'

정말 극적이면서도 안타까운 이야기지요. 그렇지만 이 이야기는 모두 허구일 뿐만 아니라 논리적으로도 맞지 않습니다. 일단 논리적으로 따져 봅시다. 백두산에 일곱 번 올라간다고 우리나라 전 국토가 보일까요? 전혀 그렇지 않겠지요? 자기 동네 작은 구역을 그리는 지도가 아닌 이상 전국을 답사하는 것 역시 의미가 없습니다. 소축척 지도는 답사로 만들어지는 것이 아닙니다. 결정적으로 이야기 속에서 불에 타 버렸다는 대동여지도 판목의 상당수가 국내 곳곳에 남아 있습니다. 지금 당장이라도 용산의 국립중앙박물관에 가면 대동여지도 판목을 볼 수 있습니다.

그렇다면 백두산에 일곱 번 오르고 팔도를 답사했다는 이야기는 어떻게 만들어진 것일까요? 이 이야기가 만들어지는 데 모델이 된 이야기가 있습니다. 일본 지리학과 근대 과학 기술의 선구자로 널리 알려진 이노우 다다타카라는 인물입니다. 이 사람은 역경과 고난을 딛고 출세를 한 후 근대적인 측량 기술을 배워 십여 년 동안 일본 전국을 다니며 직접 측량해서 지도를 제작했습니다. 영국인들이 감탄할 정도로 과학적이고 정밀한 지도였다고 하며, 이렇게 완성한 지도 한 부를 도쿠가와 바쿠후에 바쳤습니다. 이 이야기는 일본 교과서에 실릴 정도로 유명했습니다.

1910~1920년대 식민지 조선의 문인들은 이노우의 이야기에 자극을 받아 김정호를 그에 비견되는, 그러나 이노우보다 훨씬 더 어려운 상황에서도 위업을 달성한 인물로 그려 냈습니다. 그러면서 지도가 정확해 러일 전쟁이나 토지 조사 사업 때도 활용되었다는 등의 이야기까지 덧붙였지요. 그들은 조선에 대한 비판 의식과 함께 존경할 만한 인물로서 김정호를 그리고 싶었던 것입니다.

그런데 이 이야기가 1930년대 보통학교 교과서에 실리면서 톤이 조금 달라졌습니다. 대원군에 의해 옥사한 이야기는 강화되고 러일 전쟁이나 토지 조사 사업에서 활용된 것은 이러한 인재와 작품을 알아본 총독부의 혜안으로 설명되었습니다. 쉽게 얘기해 조선인은 이렇게 훌륭한 업적도 못 알아보았으나, 일본에서는 알아보았다는 이야기였습니다. 자연히 이런 조선은 일본에게 망한 것이 당연하다는 결론으로 이어질 수 있었고요.

"이전 지도들을 편집해 만들어진 대동여지도"

사실 김정호에 대해 알려진 것은 얼마 없습니다. 그래서 그렇게 다양한 이야기가 만들어질 수 있었는지 모릅니다. 그러나 김정호는 생전에 이미 지도 제작자로 명성이 있었습니다. 비변사에 근무하던 관료들과 인연도 있었고, 그 덕분에 비변사에 소장되어 있던 다양한 지도 자료를 섭렵할 수 있었습니다. '대동여지도' 이전에도 조선에서는 다양한 지도를 제작하고 있었고, 이 가운데 비변사에 소장된 지역별 지도는 '대동여지도'를 만드는 바탕이 되었습니다. 김정호는 답사를 하며 지도를 만든 게 아니라 기존 지도를 잘 편집해서 만든 것이었습니다. 대원군은 판목을 불태우지도 않았고 김정호를 죽이지도 않았지요.

흥선 대원군의 집권기에 외국에 대해 쇄국 정책을 취한 것은 맞습니다. 엄밀하게 이야기하자면 쇄국이라기보다는 기존의 전통적인 외교 관계 이외의 관계 맺기를 거부했다는 것이 정확할 것입니다. 청이나 일본 등과는 전통적인 방식으로 여전히 교류하고 있었으니까요. 19세기 중반부터 조선의 바다에는 이양선이라고 불리던 서양 선박이 시시때때로 출몰하며 교역을 요구했으나, 조선에서는 이들과 교역하는 것을 거부했습니다. 흥선 대원군 집권기에는 병인박해 후 일어난 병인양요(1866년), 제너럴셔먼호 사건으로 인한 신미양요(1871년) 등 무력 충돌도 일어났습니다. 대원군은 이러한 양요를 진압하고 서양 오랑캐와 사귈 수 없다는 내용의 척화비를 곳곳에 세웠습니다.

　대원군의 조치는 기존의 사회 질서를 무너뜨리지 않고 서양 세력의 무력 도발을 막겠다는 생각에서 비롯한 것이었습니다. 사실 당대의 일반 다수는 이러한 방향에 동의했을 겁니다. 자기가 살던 방식을 바꿔야 한다는 것은 누구나 인정하기 어려운 일이니까요. 그러나 시대가 근본적으로 바뀌었다는 점을 언제까지 외면할 수는 없습니다. 이런 때에 400여 년 전 건국 초를 생각하며 경복궁을 지은 것은 더욱 퇴행적이었지요. 과거는 항상 중요한 자산이지만, 과거가 주는 교훈을 잘못 해석해서는 안 됩니다.

7장

익숙하고도 낯선 조선

35

정조가 외숙모에게
한글로 편지를
썼다고?

한글은 15세기 중반, 세종이 한자가 문자이던 시절 백성들이 하고픈 말을 다 하지 못하는 것을 안타깝게 여겨 만들었습니다. 그러나 근대가 오기 전까지 공식 기록이나 수준 있는 책들은 여전히 한자로 기록되었지요. 반면 한글은 언문, 혹은 여자나 쓰는 글인 암클이라며 천시받아 거의 사용되지 않았다고 여겨지곤 합니다. 과연 그러했을까요?

얼마 전 정조가 신하에게 보낸 비밀 편지 한 묶음이 발견된 적이 있습니다. 당시의 정치를 서로 긴밀히 논의하기 위해 정조가 보낸 편지로, 읽은 다음에 태워 버리라고 했는데, 그 신하가 안 태우고 보관하고 있다가 후대에 발견된 것이었지요.

한 편지를 보면 흘려 쓴 한문 내용 중간에 갑자기 '뒤죽박죽'이라는 한글 단어가 빼꼼히 등장합니다. 당시 정계가 이리저리 복잡해서 말도 많고 탈도 많다는 내용을 한문으로 죽 적으면서 상황이 이렇게 뒤죽박죽되었다는 얘기를 쓴 것입니다. 정조는 한문을 못하는 사람이 아니었어요. '뒤죽박죽'이라는 뜻으로 쓸 한문 단어가 없었던 것도 아니었지요. 그렇지만 '뒤죽박죽'이라고 써야만 표현이 될 것 같은 그런 감정이 있었던 것이겠지요.

정조가 그 편지를 쓰려고 갑자기 한글을 배운 것이었을까요? 그럴 리 없겠지요? 너덧 살 무렵 정조는 외숙모에게 편지를 보낸 적이 있는데, 비뚤배뚤한 글씨의 한글로 쓴 이 편지도 남아 있답니다. 이걸 보면 국왕도 어릴 때부터 한글을 배웠다는 것을 알 수 있습니다. 문자를 사용하는 모든 계층은 한글을 배웠고 이를 통해 다른 문자에 접근했습니다. 정조의 어린 시절 편지를 보면 학습을 시작하는 초기에 한글과 한자를 같이 배웠음을 알 수 있지요.

조선 시대에 한자와 한문을 배우는 사람들은 한글을 바탕으로 한문으로 된 어려운 서적을 익힐 수 있었습니다. 우리가 아는 대학자 이황이나 이이 같은 대단한 성리학자들도 한글을 무시했을 것 같지만 전혀 그렇지 않았답니다. 이들은 당대 성리학자라면 누구나 배워야 하는 경전을 한글로 번역했고, 한글 시조를 남기기도 했습니다. 과거 시험 과목 중에서 경전을 외우는 강경이 있었는데, 시험을 볼 때 한글로 풀어 쓴 부분의 토씨까지 다 외워야 했습니다. 조선 시기 한문 교육이 확대될 수 있었던 것은 한글이 바탕이 되었기 때문이라고 이야기할 수 있습니다.

한글은 특히 여성들에게 중요한 문자 수단이 되었습니다. 양반가의 남성들은 집안 형편이 나쁘지 않으면 어린 시절부터 기본적으로 한자와 한문 공부를 했지만, 여성들은 교육의 기회가 제한되어 있었습니다. 여성이 경전을 공부하는 것도 장려되지 않았지요. 그러나 양반가의 여성이라면 한글 교육 정도는 대부분 받았습니다. 워낙 배우기 쉬워서 공부에 큰 품이 들지 않았기 때문이기도 할 것입니다. 그래서 양반가 남성들은 자기 집안의 여성들과 소식을 주고 받기 위해 한글 편지를 쓰곤 했습니다.

여성들의 한글 사용은 단순히 편지를 주고 받는 데에만 그치지 않았습니다. 어떤 이는 한글로 자신의 음식 레시피를 기록한 책을 쓰기도 했고, 어떤 이는 가사 같은 한글 문학을 남기기도 했습니다. 무엇보다 여성들이 한글 소설의 주된 구독자였다는 점도 주목할 만합니다. 조선 후기에는 한글 소설이 엄청 많이 나오고, 책 대여점을 통해 활발히 대여가 되곤 했습니다. 그 책의 주된 독자가 바로 여성들이었습니다. 조선 후기의 대표적인 한글 소설 중 하나인 『구운몽』도 저자 김만중이 자신의 어머니를 위해 저술한 것이지요. 한글 문자 생활의 확대는 이 시기 여성들의 성장과 무관하지 않습니다.

"한글이 널리 쓰인 덕분에 한글 신문도 나올 수 있었어"

물론 조선 시대에 모든 사람이 한글을 쓰는 데까지는 이르지 못했습니다. 그건 근대 이후에야 가능했지요. 그러나 이는 한글 사용을 못하게 했다든가 천시했기 때문이 아니었습니다. 교육의 기회 자체가 매우 적었던 데에서 비롯한 문제였지요. 하지만 문자를 사용하는 모든 사람들은 한글을 바탕으로 하고 있었습니다. 그렇기에 근대로 접어들면서 국한문을 섞어 쓰자는 결정도 손쉽게 하고, 한글 신문도 금방 나오는 등 순식간에 한글의 사용이 확대될 수 있었던 것입니다.

조선 시대에는 한자와 한문이 한글보다 훨씬 더 높은 지위를 점했던 것은 사실입니다. 그러나 서양에서도 16세기 전까지는 라틴어 『성경』을 자국어로 번역하는 것을 꺼렸다는 점을 생각해 볼 필요가 있습니다. 이슬람의 『코란』은 아직도 다른 언어로 번역하지 못하게 하고 있지요. 당대의 세계를 볼 때 조선 사람들의 태도는 특이한 것은 아니었습니다. 역사는 이렇게 비교사적 시야가 필요합니다.

36

양반가

여성들은 집안의

CEO라고?

성리학에서는 음양의 원리에 따라 남성과 여성이 구별된다고 보았습니다. '남자는 하늘, 여자는 땅'이라는 표현은 남자는 높고 여자는 낮다는 뜻이 아니라 하늘과 남자는 양, 땅과 여자는 음이라는 뜻이었지요. 남성이 이끄는 존재라면, 여성은 따르는 존재라고 보았습니다. 그런데 조선 여성들은 이렇게 따르는 존재로서만 살았을까요?

 조선 시대에는 여성이 지켜야 할 도리로 '삼종지도(세 가지 따르는 도리)'가 언급되곤 했습니다. 여성은 어려서는 아버지를, 커서는 남편을, 늙어서는 아들을 따라야 한다는 뜻입니다. 그렇기에 삼강에서는 '부위부강(남편이 아내의 기준이 된다)', 오륜에서는 '부부유별(부부는 구별이 있어야 한다)'이라고 한 것입니다.

또한 여성에게 가장 중요한 덕목은 정절이라 보았습니다. '충신은 두 명의 임금을 섬기지 않고 여자는 두 명의 남편으로 바꾸지 않는다'는 말은 이러한 이념을 잘 보여 주는 문구입니다. 남편에 대한 정절을 지키는 것이 여성이 지켜야 하는 의리였던 거지요. 그래서 남편이 일찍 죽더라도 재혼하지 않는 것을 높이 샀습니다.

조선 초만 하더라도 여성의 재혼은 일상적인 일이었습니다. 가정을 꾸리지 않고 혼자 살아간다는 것은 당시 거의 불가능했기 때문에 재혼은 어쩔 수 없다는 관념이 있었거든요. 그런데 『경국대전』이 다 인쇄돼 나온 이후에 성종이 강력하게 주장해서 재혼하는 경우에 그 자녀의 과거 응시나 관직 진출에 제한을 두도록 법률을 수정했습니다. 성리학적 이념이 더욱 침투한 조선 후기에는 여성이 재혼을 안 하는 것을 넘어, 남편이 죽었을 때 따라 죽는 열녀가 급증해 사회 문제가 되기도 합니다.

그렇다면 양반가 여성은 저런 관념에 꽉 묶여서 아무것도 못 하고 살았을까요? 여러모로 행동에 제약이 많았던 것은 맞지만 아무 권한 없이 살지는 않았습니다. 오히려 집안의 경제를 관장하는 책임과 권한은 여성에게 있었지요. 남성은 과거를 봐서 관료가 되어 나라와 백성을 위해 큰일을 하는 데 신경을 써야지, 집안 살림까지 신경 쓰는 것은 바람직하지 않다고 보았거든요.

청백리 유관의 이야기를 아시나요? 집이 낡아 비가 새는데도 유관은 신경도 안 쓰고 우산을 받쳐 들고 공부하며 우산이 없는 집은 이 비를 어떻게 견딜지 걱정을 했다고 해요. 그러자 부인이 "다들 미리 나름의 방비책을 세워 놓았겠지요."라고 대답했다고 하네요. 이 이야기는 당대의 이상적인 양반가 남성상이 무엇인지를 잘 보여 줍니다. 그러니까 여성이 실제 집안의 살림을 주도적으로 운영했던 것입니다.

양반가의 집안 살림은 요리나 육아 같은 것에만 국한된 것은 아닙니다. 그런 일은 보통 그 집에서 일하는 아래 계층의 여성이나 노비들이 했습니다. 양반가 여성은 집안의 토지와 노비를 관장하고, 인간관계 유지에 필수인 선물을 챙기거나 찾아오는 손님들을 접대하는 데만도 바빴습니다.

집안의 토지와 노비 관리를 우습게 봐서는 안 됩니다. 웬만큼 산다는 집은 노비가 100여 명이 되었고, 관리해야 하는 토지도 여기저기 흩어져 있었습니다. 지금의 웬만한 중소기업 못지 않습니다. 찾아오는 손님들을 접대하는 것도 장난 아니었지요. 어떤 경우엔 30~50명씩 올 때도 있었으니까요. 16세기 양반 관료였던 유희춘이 남긴 일기를 보면, 아내가 토지를 셈하면 자신이 장부에 옮겨 적었다고 해요. 이것을 보면 아내가 주도적인 역할을 하고 남편이 보조적 역할을 했다는 것을 알 수 있지요.

"성리학 규범은 양반가 여성들에게만 적용돼"

하지만 양반가 여성의 삶을 신분 계층이 다른 여성의 삶으로 일반화시키는 것은 경계해야 합니다. 조선은 신분제 사회로, 신분에 따라 처지가 천차만별이었기 때문이지요. 왕실, 양반, 양인, 노비, 어느 신분인가에 따라 그 삶은 아주 달랐습니다. 삼종지도나 정절, 재혼만 놓고 보더라도 『경국대전』의 규정은 양반가 사람들에게나 해당이 되는 일이었지요. 과거 볼 생각이 없는 양인이나 노비와는 아무 상관 없었습니다. 양인의 경우엔 이혼이나 재혼이 비일비재했지요. 노비의 경우에는 주인의 횡포 때문에 기껏 맺고 있던 가족 관계가 해체되는 일도 빈번했고요.

조선 여성의 삶이 지금에 비해 자유롭지 못했던 것은 사실입니다. 그렇다고 해서 그들이 단순히 억압받고 피동적인 삶만 살았다고 생각하는 것은 오해입니다. 조선 후기 천주교의 확산, 한글 소설의 유행은 조선 여성들에 힘입은 것이었지요. 조선 여성의 삶을 성리학과 관련한 피상적인 이미지로만 국한하는 것은 오히려 그들의 삶이 가진 역동성과 힘을 과소평가하는 것인지도 모릅니다.

37

연애결혼을 하면
처벌받았다고?

조선에서는 어머니가 처인지, 첩인지에 따라 그 자식의 신분을 다르게 규정했습니다. 그래서 홍길동은 억울함을 품고 나라를 뒤흔드는 도둑이 되었던 것입니다. 조선에서는 혼인의 방식에 따라 어떻게 신분적 차별을 두었을까요? 또 혼인의 절차는 어떻게 이루어졌을까요?

『홍길동전』의 주인공 홍길동은 홍 판서와 몸종인 어머니 춘섬 사이에서 태어났습니다. 이처럼 정식 처가 아니라 첩으로부터 태어난 자식을 서얼이라고 합니다. 엄밀히 구분하면 '서'와 '얼'도 다릅니다. 양인 어머니의 자식은 '서자', 천인 어머니의 자식은 '얼자'라고 불렀습니다. 이 기준에 따르면 홍길동은 어머니가 천인이니 서얼 중에서도 얼자입니다. 그리고 홍길동의 신분도 어머니를 따라서 천인이 됩니다.

만약 아버지가 돌아가시면 홍길동은 배다른 형제의 노비로 상속됩니다. 좀 너무하지요? 그래서 조선 시대에 이렇게 천인 사이에서 낳은 자식들의 경우에는 아버지가 양인으로 만들어 주는 것이 일반적이었습니다만 간혹 그러지 않은 경우도 있어서 물의를 빚기도 했습니다.

같은 신분으로 정식 혼인 절차를 거쳐 결혼한 부인을 '처'라고 합니다. 정식 혼인 절차는 일반적으로 중매를 거쳐 혼서(청혼하는 내용을 담은 문서) 등을 교환하고, 혼례식을 올리는 경우를 말합니다. 중매는 지금처럼 전문으로 하는 업자가 있었던 건 아니고, 양쪽 집안 사정을 잘 아는 친척이나 친구가 하는 경우가 대부분이 었습니다.

그런데 중매를 거치지 않고 지금처럼 당사자끼리 연애를 해서 결혼하면 어떻게 될까요? 이는 법적으로 처벌을 받았습니다. 충격적인가요? 지금은 당사자는 얼굴도 모르고 집안 어른이 시키는 대로 결혼을 하는 게 야만적이라고 느껴지지만, 조선 시대에는 그게 문명적이고 자기들끼리 연애해서 결혼하는 것을 야만적이라고 생각했습니다. 이렇게 시대에 따라 당연하게 생각하던 세상의 규칙도 달라진다는 것을 이해해야 합니다.

조선 초만 하더라도 서얼에 대해 별다른 제약이 있지 않았습니다. 고려 말에는 처를 여러 명 두는 경우가 많아서 서얼 여부가 분명치 않은 경우도 많았고요. 이러한 상황을 바로잡으려고 처와 첩을 철저히 구분해 처는 한 명만 두고 처와 첩 소생 자식들의 신분 차이를 확실히 하면서 16세기 무렵부터는 서얼의 차별이 심해졌습니다. 『홍길동전』은 바로 이러한 시대의 모습을 담고 있는 것입니다.

"두 번의 큰 전쟁 뒤 신분을 세탁하는 일이 늘어나"

전란은 이렇게 한계가 드리워진 사람들에게 또 하나의 기회가 되기도 했습니다. 전후 복구를 위해 발급한 공명첩, 납속책이 대표적이었지요. 공명첩은 이름 칸을 비워 놓은 관직 임명장입니다. 이걸 사서 빈칸에 자신이나 가족의 이름을 쓰면 관직을 가진 인물이 되니까 신분을 세탁할 수 있는 것입니다. 물론 진짜 관직을 갖게 되는 것은 아닙니다. 납속책은 곡식이나 돈을 내면 받는 특전이었는데, 노비나 서얼이 이를 통해 신분을 바꿀 수 있었습니다. 특히 임진왜란 무렵에는 군량미 조달이 다급했기 때문에 적은 양의 곡식을 내고서도 천인에서 해방이 되거나 서얼에서 벗어날 수 있었습니다.

조선 후기에 들어서면서 이러한 신분제에 문제가 많다는 인식이 대두되었습니다. 단지 서얼이라는 이유만으로 능력 있는 사람을 등용하지 않는 것은 문제가 많다는 것이었지요. 더불어 한번 노비면 대대손손 노비가 되는 노비 세습제에 대한 비판도 대두되었습니다.

18세기에는 서얼층이 자신들도 과거를 보고 좋은 관직에 오를 수 있게 해 달라는 통청 운동을 펼쳤습니다. 이러한 분위기에서 정조 대에는 서얼 출신인 이덕무, 박제가, 유득공 같은 인물들이 규장각의 검서관으로 이름을 날렸습니다. 이들의 대대적인 요구로 서얼의 관직 진출은 점차 폭이 넓어졌습니다. 1823년 근 만 명에 달하는 전국의 서얼 유생들이 이러한 차별을 없애 달라는 상소를 올렸습니다. 이를 계기로 서얼에게도 좋은 관직으로 진출할 수 있는 길을 열어 주었고 19세기 중반엔 법제적인 차별은 거의 사라지게 되었습니다.

1801년이 공노비가 해방된 시점이란 것을 생각해 보면 19세기는 신분제가 폐지되며 점차 만민 평등의 시대로 나아간 시기로 볼 수 있습니다.

38

신사임당은 왜 친정에서 살았을까?

우리말로 결혼한다는 표현으로 '시집간다'와 '장가든다'가 있습니다. '시집간다'는 결혼 후에 여성이 남편의 집인 시집으로 간다 즉 시집살이를 한다는 뜻이지요. '장가든다'는 말에서 '장가'는 곧 처가로, 남자가 처가로 들어간다는 뜻이고요. 이 두 가지 표현, 재미 있지 않나요? 남자는 장가들고 여자는 시집을 가면 둘이서 만나 같이 살 수가 없잖아 요. 그런데 우리는 왜 두 표현을 모두 자연스럽게 쓸까요?

우리말에 '겉보리 서 말만 있어도 처가살이는 안 한다'는 속담이 있습니다.

이 속담은 쌀도 아니고 보리, 그중에서도 질이 떨어지는 겉보리가 조금만 있어도 처가살이는 안 한다고 할 정도로 처가살이는 할 것 이 아니라는 뜻을 담고 있습니다. 그런데 사실 알고 보면 이런 말 이 나온 지는 얼마 안 되었습니다.

고대에서부터 조선 전기까지만 하더라도 우리의 혼인 풍속 은 처가에서 혼례를 올리고 처가에서 계속 사는 처가살이가 일반 적이었습니다. 몇 년 살다가 분가하는 경우도 있었지만 어떤 경우 에는 자식을 낳을 때까지 계속 처가에 거주하는 경우도 있었습니 다. 16세기 무렵까지도 이러한 방식은 이어졌습니다.

율곡 이이의 부모님이 대표적인 사례지요. 이이의 아버지는 이원수이고 어머니는 유명한 신사임당입니다. 이원수의 집은 파 주와 서울에 있었고 신사임당의 집은 강릉에 있었습니다. 신사임 당은 19세에 혼인을 했는데, 혼인 후 인사 드리러 서울 시집에 갔 던 것을 빼고는 38세까지 거의 친정인 강릉이나 친정에서 마련해 준 봉평 집에서 지냈습니다. 이원수는 본가와 강릉의 처가를 왕래하며 생활했습니다. 이이도 당연히 외가에서 나고 자랐지요.

유학자들은 외가, 혹은 처가와 관계가 매우 깊었습니다. 처가살이를 시작한 십 대의 신랑에게 장인어른은 엄한 선생님이기도 했습니다. 지금의 유치원이나 초등학교 같은 학제가 마련되어 있지 않던 조선에서는 혼인 전에는 주변의 친척이나 부모님의 친구로부터 경전 교육을 받곤 했습니다. 혼인 뒤에는 장인에게 교육을 받는 경우도 꽤 많았지요. 갑자기 낯선 처가 환경에다 어렵기만 한 장인이자 선생님 때문에 집에 돌아가고 싶어 한 어린 신랑도 있었다고 합니다.

이러한 분위기는 17세기 무렵부터 바뀌기 시작합니다. 조선 초기부터 성리학적인 이상 가족과 친족의 형태로 바꾸려는 노력이 계속되어 온 데다, 전란을 계기로 새로운 사회 질서를 세워 나가려는 움직임이 맞물리면서 가능해졌지요. 성리학자들은 처가살이에 문제가 많다고 생각했습니다. 여성이 남성을 따르는 것이 바른 도리라고 생각한 데다, 아내가 자기 가족을 믿고 남편을 우습게 보는 일이 비일비재하다며 바람직하지 않다고 본 것이지요.

성리학자들은 특히 혼례를 올리는 방식도 바꾸려고 했습니다. 처가에서 혼례를 올리는 것을 바꾸어, 신랑이 신부를 데려와서 시집에서 혼례를 올리고 거주하는 것으로 바꿔야 한다고 생각했습니다. 조선 초 왕실에서부터 이를 솔선수범해서 실천하긴 했지만, 일반에까지 파급되지는 못했습니다. 시집살이가 일반화된 18세기 이후에도 혼례는 신부의 집에서 치러졌습니다. 다만 혼례 이후에 시집으로 와서 시집살이를 시작하는 방식으로 바뀌었지요.

"처가살이의 유풍은 여전히 남아 있어"

그럼에도 처가에서의 혼례식, 처가살이의 유풍은 여전히 남아 있습니다. 20세기까지도 해묵이라고 해서 신부 집에서 혼례식을 치른 후 해를 넘겨서야 시집에 가곤 했습니다. 지금은 당사자 간 합의를 통해 결혼식 장소나 날짜를 정하는 경우도 많지만 그래도 대체로 신부집 상황에 맞추는 경우가 많습니다. 신혼여행을 다녀온 후 처가에 먼저 가는 것 역시 처가에서의 혼례식 및 처가살이의 유풍이라고도 볼 수 있습니다. 예전에 처가에서 혼례를 올리고 살다가 시집에 처음 갈 때 인사로 마련하던 이바지 음식을 신혼여행 후 처가에 왔을 때 준비해 가는 것 역시 이러한 풍습이 남은 형태입니다.

처가살이는 고대부터 조선 전기까지 천여 년 넘게 유지되던 풍속이었지만, 조선 후기에 시집살이로 전환되며 20세기 전반 정도까지는 시집살이가 이상적이라는 관념이 강했습니다. 특히 맏아들인 경우엔 더욱 그러했지요. 그러나 요즈음은 다시 변화하고 있습니다. 결혼 후 부모를 모시고 산다는 관념은 약해진 지 오래고, 시집살이보다는 육아의 편의를 위해 처가 근처, 혹은 처가살이를 하는 경우가 많아지고 있습니다. 한 걸음 더 나아가서는 결혼이 꼭 중요한 것은 아니며, 결혼만이 가족을 구성하는 방법은 아니라는 관념도 확산되고 있지요. 그 시대의 생활 조건이 바뀔 때 가족의 형태도 바뀌며 이에 대한 사람들의 관념도 함께 변화합니다. 한동안 이러한 변화는 더욱 급속도로 진행될 것 같습니다.

39

100 주년

빨간 배추김치를
먹은 지 얼마
안 된다고?

전 국민이 제사를 지내는 모습이라든가 처가살이에 비해 시집살이가 오랜 전통이 아닌 것처럼, 먹거리에서도 우리가 오랜 전통 음식이라고 여기지만 사실 그렇게 오래되지 않은 것도 있습니다. 우리가 즐겨 먹는 음식 가운데 어떤 것이 있을까요?

 그다지 역사가 길지 않은데도 우리의 대표 음식으로 자리잡은 음식은 바로 빨간 배추김치입니다. 외국인에게 "두 유 노우 김치?"라고 물을 때 여러분이 제일 먼저 떠올리는 김치의 이미지는 무엇인가요? 아마도 빨갛게 양념 된 배추김치일 것입니다. 알싸한 맛이 일품인 갓김치나 국밥의 친구 깍두기를 떠올리는 일은 별로 없겠지요. 그런데 이 빨간 양념의 배추김치의 역사는 생각보다 짧습니다.

김치는 한자어인 침채(담근 채소)의 옛 발음인 '딤채'에서 비롯되었습니다. 김치냉장고 브랜드 이름은 이런 유래에서 나왔지요. 김치는 채소를 절여 오래 보관하는 방법 중 하나입니다. 소금이나 식초, 장 등에 절이는 채소 절임 음식은 세계 어느 문화권에서도 볼 수 있습니다. 생존을 위해 인류가 발명해 낸 것이지요.

초기 김치는 무나 오이 등을 소금에 절인 '지' 형 김치였을 것으로 추정됩니다. 오이지, 짠지, 싱건지, 장아찌 등이 이러한 '지' 형 김치의 대표격으로, 이런 '지' 형 김치의 역사는 삼천 년이 훨씬 넘을 것으로 추정됩니다. 소금과 채소만 있으면 만들 수 있는 비교적 단순한 형태의 음식이니까요.

김치가 빨개지려면 고추가 필요합니다. 고추는 17세기 이후 들어왔고 18세기 무렵 널리 쓰였습니다. 그러니까 조선 전기까지만 해도 우리 김치는 빨갛지 않았던 겁니다. 신대륙에서 건너온 고추는 일본을 통해 조선에 들어왔습니다. 그래서 초기엔 왜개자(일본을 통해 들어온 겨자)라고도 불렸지요. 고추는 정작 일본 음식에서는 잘 활용되지 않았지만 우리나라에서는 금방 인기를 끌며 확산되었습니다. 원래 몸에 화기가 돌게 하는 음식, 즉 기를 돌게 해서 체온이 올라가게 하는 음식을 선호하는 문화 때문입니다. 고추는 색이나 맛에도 영향을 주었지만 소금을 덜 써도 쉽게 부패하지 않게 한다는 점에서도 유용했습니다.

김치에 풍부한 발효의 맛을 더한 것은 젓갈입니다. 젓갈은 김치에 단백질에서 나오는 각종 아미노산을 공급하고 야채가 쉽게 무르지 않게 하는 역할을 합니다. 젓갈이 쓰이기 시작한 것도 역시 18세기 무렵입니다. 고추와 젓갈이 갖추어졌으니 김치가 얼추 되었을 것 같지만 18세기에도 배추김치는 없었습니다.

배추는 18세기 말에 도입되어 19세기에 본격 재배되기 시작했다고 합니다. 초기에 배추를 재배하는 데 어려움이 있었습니다. 씨를 받으면서 여러 해를 키우면 어느새 무가 되었다고 해요. 이러한 어려움을 딛고 배추를 제대로 재배하기 시작한 것은 19세기 중반입니다. 배추가 무를 압도해 김치의 대표 재료가 된 것은 20세기에 이르러서지요. 우리가 대표 한국 음식이라고 생각하는 빨간 배추김치의 역사가 실제로는 100년 정도밖에 안 되었습니다.

"우장춘 박사가
배추도 아삭하게 개량해"

지금처럼 노오란 속이 꽉 차고 아삭한 줄기가 긴 배추가 대중화된 역사는 더욱 짧습니다. 우장춘 박사의 종자 개량이 큰 역할을 했다고 합니다. 실제로 나이 많은 할머니께 여쭤 보니 옛날 배추는 속이 꽉 차지 않고 우거지 같았다고 하시더라고요. 고춧가루가 대중화된 것도 일제 강점기 때 고추를 대량으로 빻을 수 있는 기계 도입이 큰 역할을 했습니다. 빨간 배추김치는 이렇게 오랜 세월이 켜켜이 쌓이면서 먹을 수 있게 된 것입니다.

이처럼 우리가 지금 '전통'이라고 알고 있는 것은 생각보다 그 역사가 짧은 경우가 많습니다. 유구한 전통이나 역사를 들먹이는 경우를 본다면 일단은 의심하는 자세를 가지는 것도 좋습니다. 우리가 역사를 배우는 이유는 이러한 의심과 비판 능력을 키우기 위한 것입니다.

40

흥부는 왜
가난했을까?

『흥부전』을 보면 흥부 아내가 이렇게 신세 한탄을 하는 이야기가 나옵니다. "어떤 사람 팔자 좋아 장손으로 태어나서 죽은 조상님 제사 모신다고 호의호식 잘사는데, 누구는 버둥대도 이리 살기 어려울까. 차라리 나가서 콱 죽고 싶소." 놀부와 흥부는 형제인데도 왜 이렇게까지 경제적 처지가 차이가 났는지 생각해 본 적 있나요?

흥부는 맏아들이 조상 제사를 모시는 대신 그 몫으로 재산을 차등적으로 많이, 혹은 단독으로 물려받던 시대에 태어났습니다. 하필 이런 시기에 둘째로 태어나 물려받은 재산 없이 고생고생하며 살게 된 것이죠. 그러나 이 모습이 조선 시대 전 시기에 해당하는 모습은 아닙니다.

지금 우리가 생각하는 가장 일반적인 제사의 모습은 큰아버지, 즉 집안의 장남이 자기 집에서 차리는 것입니다. 한때는 고조할아버지와 고조할머니까지 제사를 지낼 때도 있었지만 요새는 대체로 증조부모나 조부모 정도까지만 지내는 것 같습니다. 그리고 명절 때에는 아침에 차례상을 차려 조상님들께 올리지요. 또 설이나 추석, 한식 때에는 성묘를 하러 가고 어떤 집안의 경우에는 선산에 모신 조상님들께 합동으로 제사를 드리는 시제를 지내기도 합니다.

제사를 지내면 친척들이 모두 모이기 때문에 제사가 끝난 뒤 손님을 접대하는 일도 큰일이었습니다. 이 모든 것이 엄청난 부담입니다. 특히 제사상과 차례상, 손님 접대상까지 차려 내야 하는 집안 여성들의 부담이 너무 크지요.

제사나 명절 때문에 가족끼리 싸우는 얘기가 나올 때면, 이것이 모두 몹쓸 유교 전통 때문이라고 생각하곤 합니다. 그리고 그 유교를 나라의 정치 이념으로 내세운 조선이 문제였다고 생각합니다. 맞습니다. 유교에서는 제사를 중시합니다. 그러나 유교만이 지금 우리의 제사 문화를 구성하는 것은 아닙니다. 또 제사를 지내는 일이 모두 조선 시대 때 형성된 것도 아니고, 조선 시대 내내 이렇게 지냈던 것도 아닙니다.

사실 양반가에서도 맏아들이 단독으로 제사를 지내게 된 것은 얼마 되지 않았습니다. 조선 전기까지만 하더라도 제사는 형제자매들이 돌아가며 지내거나 나눠서 지내곤 했습니다. 율곡 이이도 외할머니 제사를 지냈습니다. 아들뿐만 아니라 딸의 집에서도 제사를 지냈고요. 이렇게 제사를 돌아가며 지내거나 나눠서 지내는 것, 또 딸에게까지 지내게 한 것에 대해 성리학자들이 비판을 많이 했습니다. 성리학은 아버지의 계통을 중심으로 가족과 친족을 구성하는 것을 바람직하다고 보는 이념이었기 때문입니다.

17세기 이후 조선 사회에 성리학이 점차 더 큰 영향력을 미치면서 제사는 맏아들의 집에서 단독으로 지내는 것으로 바뀌었습니다. 이에 따라 재산 역시 아들딸 구별 없이 균등하게 나누던 것에서 맏아들에게 더 많이 상속하거나 단독으로 상속하게 되었습니다. 바로 놀부와 흥부의 시대 모습입니다.

그런데 이렇게 모든 집에서 대대적으로 제사를 지낸 것은 조선 시대의 모습이 아닙니다. 조선 시대에는 양반가에서나 가능했던 일입니다. 먹고살기 바쁜 양인이나 노비가 이렇게 거창하게, 그것도 증조부모, 고조부모까지 챙겨 제사를 지내는 것은 불가능한 일이었습니다. '큰아버지 집에서 모시는 제사' 모습은 18세기 이후에 일반화된 것이고, 거기에 모두가 제사를 지내야 한다는 관념이 일반화되고 실천된 것은 오히려 조선이 망하고 난 근대 이후의 일입니다.

"역사는 변화의 흐름을 과거와 현재의 눈으로 보는 학문"

설이나 추석에 차례 지내는 것을 중시하는 것은 우리 고유의 풍속에서 기인한 바가 큽니다. 제사 때마다 살아 있을 때 먹는 것같이 밥과 국, 반찬을 차리는 것도 고려 이래의 유풍입니다. 유교적 전통은 아니지만 조상에 대한 효를 구현한다는 점에서 유교적인 제사 문화와 맥락이 통하면서 남은 것입니다.

아버지쪽 친족의 무덤이 모인 선산의 탄생도 흥미롭습니다. 원래 고려 시기까지만 하더라도 우리나라엔 이렇게 아버지쪽 친족 무덤을 단체로 모은 선산은 없었습니다. 조선 전기에는 결혼

후 처가에 거주하는 경우가 많아서 무덤도 처가 마을 근처에 쓴 경우가 많았습니다. 그러다 17, 18세기 무렵부터 아버지쪽 친족의 무덤을 모아 조성하는 선산이 만들어지게 됩니다. 집안마다 족보를 열심히 편찬하는 것도 이 무렵부터였습니다.

이 무렵 아버지의 혈통을 기준으로 구성된 거대한 문중 마을과 조직이 운영되었습니다. 지금은 "얼굴 한번 보지도 못한 조상님 제사를 왜 지내야 하나"는 질문을 하지만, 사실 핵심은 바로 거기에 있습니다. 얼굴 한번 보지도 못한 조상님을 기리기 위해 촌수도 먼, 남이나 다름 없는 사람들이 모여 무리를 구성하는 것이지요. 내가 외톨이가 아니라 결속력이 강한 사회에 속해 있다는 것은 생존에 대단히 유리합니다. 그러나 이제 사회가 급속히 변화하며 사람들은 새로운 조직과 사회 속에서 살아갑니다. 인간이 만든 문화 모두가 그렇듯이 시대와 사회에 따라 변화해 왔고, 지금도 급속히 변해 가고 있습니다.

역사는 이러한 변화의 흐름을 그 시대의 눈과 현재의 눈으로 함께 보는 학문입니다. 지금은 이해할 수 없는 과거를 보는 눈을 잊지 않음으로써 현재를 비판적으로 보고, 현재의 모습이 과거의 어디에서 기원해 왔는지를 함께 살펴보는 것입니다. 간혹 '유구하고 찬란한 역사'를 거론하며 과도한 자부심을 조장하거나 무언가를 꾸미려는 경우도 있습니다. 그러나 역사를 공부한다는 것은 '유구한 전통'이 사실은 오래된 것이 아닐 수 있다는 의심과 비판을 멈추지 않고, 찬란한 것만이 아니라 찬란하지 않은 것도 마음을 비우고 함께 바라볼 수 있는 자세를 갖춰 가는 것입니다.

질문하는 한국사3 조선

조선의 최고 권력자는 왕이었을까?

초판 1쇄 발행 2020년 4월 1일
초판 3쇄 발행 2023년 1월 16일

지은이 장지연
그린이 최아영
펴낸이 이수미
편집 김연희
북 디자인 신병근
마케팅 김영란

종이 세종페이퍼 인쇄 두성피엔엘 유통 신영북스

펴낸곳 나무를 심는 사람들
출판신고 2013년 1월 7일 제2013-000004호
주소 서울시 용산구 서빙고로 35 103동 804호
전화 02-3141-2233 팩스 02-3141-2257
이메일 nasimsabooks@naver.com
블로그 blog.naver.com/nasimsabooks

ⓒ 장지연, 2020
ISBN 979-11-90275-13-2
    979-11-90275-08-8(세트)

• 이 도서의 국립중앙도서관 출판예정도서목록(CIP)은
  서지정보유통지원시스템 홈페이지(http://seoji.nl.go.kr)와
  국가자료공동목록시스템(http://www.nl.go.kr/kolisnet)에서 이용하실 수 있습니다.
  (CIP제어번호 : CIP 2020010580)

• 책값은 뒤표지에 있습니다. 잘못된 책은 바꾸어 드립니다.